Histoires à dévorer

Illustrées par François Ruyer

Écrites par
Marie-José Bardinat, Françoise Bobe, Anne-Christine Dussart, Héloïse,
Patricia Kawa, Françoise Le Gloahec, Nathalie Longueville,
Crépin Nkot, Véronique Tardivel, Marc Van Laere,
Daniel Verzwymelen

Éditions Hemma

Crête Rouge

Daniel Verzwymelen

Armand, le fermier, est un vieil homme heureux. Il est très fier des animaux de sa ferme. Il les nourrit et les soigne avec beaucoup d'amour. Sa basse-cour est, dit-on dans le village, la plus belle de la région. Poules, canards, dindes et pintades ont le plumage tellement brillant que le soleil s'y reflète comme dans un miroir.

Chaque soir, lorsque l'obscurité a tout enveloppé dans son sombre manteau et que tous les animaux de la basse-cour sont rentrés, Armand vient fermer la porte du poulailler. Il faut dire que la forêt n'est pas loin et que, la nuit, Futé le renard rôde, cherchant de quoi agrémenter le repas de sa petite famille… Et un tendre poulet n'est pas pour lui déplaire. Folette, une jeune et jolie poulette, un peu écervelée, ne risque d'ailleurs plus de l'oublier. Un soir, alors qu'elle avait folâtré plus que de coutume à la recherche d'un dernier ver imprudent, Folette avait trouvé la porte du poulailler fermée. Et la nuit était tombée, l'entraînant dans une aventure épouvantable. Elle porte d'ailleurs dans son superbe plumage fauve une tache un peu plus claire, là où la terrible mâchoire du renard s'était refermée, lui arrachant une touffe de plumes. Chaque fois qu'elle y pense, son cœur se met à battre très vite.

Elle se revoit, courant en battant des ailes, poursuivie par le renard dont elle sentait l'haleine chaude le long de son cou. Elle n'avait dû son salut qu'au vieux saule pleureur de la cour qui l'avait accueillie dans ses branches pour des heures d'angoisse et de pleurs. Depuis cette terrible nuit, elle est toujours la première à rentrer le soir, dans le poulailler. Le fermier aurait donc pu dormir tranquille.

Dès que le soleil allait se coucher, tous les animaux de la basse-cour rentraient sagement s'installer sur les perchoirs du poulailler.
Tous ? Enfin presque.
En effet, Crête Rouge, le coq, baptisé ainsi à cause de sa splendide crête rouge vif qu'il porte comme un képi de général, faisait des caprices depuis quelques jours.
Le soir, il s'attardait dans la cour et Armand, le vieux fermier, devait attendre patiemment que Crête Rouge se décide à rentrer.
« Ne suis-je pas le roi de la basse-cour ? Un roi fait ce qui lui plaît ! », semblait-il dire dans ses bruyants cocoricos.
Armand avait tout essayé…
La douceur comme les menaces… Rien ne changeait. Crête Rouge n'en faisait qu'à sa tête.

Un soir de pluie, le vieil homme en eut assez.
– Tu ne veux pas rentrer, Crête Rouge ? Eh bien, tu resteras dehors ! Tant pis pour toi !
Et Armand avait fermé la porte du poulailler.

Et voilà Crête Rouge seul dans la cour, gonflant fièrement la poitrine. C'est à peine s'il sent la pluie lui mouiller les plumes.

Que peut bien craindre un coq aussi beau, aussi fort, aussi malin que lui... La pluie se fait plus forte, la nuit plus noire... Et tout à coup... GRRRING... La barrière de la cour vient de grincer comme lorsque Tarzan, le chien de la maison, la pousse en revenant de sa promenade.

Cet énorme bouvier des Flandres, pas très commode, peut vraiment tout se permettre... Mais Tarzan, il y a belle lurette qu'il est rentré... Il doit être vautré devant la cheminée, ce gros paresseux... Mais alors...

À qui sont ces deux yeux qui brillent tout à coup dans le noir ?...

Pour la première fois de sa vie, Crête Rouge a peur.

Déjà, il commence à regretter de ne pas avoir écouté Armand, le vieux fermier...
S'il avait obéi, il serait à cette heure-ci bien au chaud, au milieu de ses poules, en train d'écouter les potins de la journée...
Au lieu de cela, le voilà trempé, cherchant un endroit où se cacher...

« Tiens ! On dirait que les deux yeux brillants se sont rapprochés », pense-t-il. Et par moments, il lui semble voir étinceler, à la lueur de la lampe de la cour, deux rangées de perles blanches…
Des perles… Ou des dents !
Serait-ce…
Oui, c'est Futé, le terrible renard, la terreur des poulaillers !
Il est là, bien planté sur ses pattes, humant l'air, le regard allumé…
« Cette fois, c'en est fini pour moi, se dit tout bas le pauvre Crête Rouge. Et dire que je me suis moqué de la petite Folette, lorsqu'elle m'a raconté son aventure avec le renard… Cette fois, je suis perdu. »

En effet, Futé l'a aperçu et se prépare à bondir. Crête Rouge se met à courir de toutes ses forces, le renard à ses trousses…

Un mètre seulement les sépare. Crête Rouge n'en peut plus. En tournant légèrement la tête vers l'arrière, il aperçoit, grande ouverte, la mâchoire du renard.

Épuisé, Crête Rouge s'apprête à subir la loi du plus fort... et s'imagine déjà dans la gueule du renard.

Dans une sorte de brouillard, il aperçoit vaguement, entre la descente de la gouttière et le mur ébréché de l'étable, un espace mince dans lequel, toutefois, il parvient à se glisser.

Le cœur de Crête Rouge bat à tout rompre.

Futé s'est arrêté net et tente vainement d'entrer le museau dans cette cachette improvisée. N'y parvenant pas, il erre dans la cour, faisant mine de s'en aller...

Mais chaque fois il revient, réveillant les peurs du pauvre Crête Rouge.

Les premières lueurs du jour chassent heureusement Futé vers sa tanière...

Épuisé, trempé, Crête Rouge s'endort enfin...

Et c'est une pauvre petite boule de plumes toutes mouillées que le fermier découvre au petit matin.

– Alors, Crête Rouge, lui dit-il avec compassion, tu as l'air d'avoir passé une bien mauvaise nuit.

Saisissant la pauvre petite bête dans ses deux grosses mains calleuses, le fermier l'emporte dans l'étable où il l'installe entre deux bottes de paille. Deux bonnes heures plus tard, Crête Rouge sort dans la cour baignée de soleil, la tête haute, le regard éclatant...

Les animaux de la basse-cour l'entourent immédiatement...
Et Crête Rouge passe la matinée à raconter son aventure, dans laquelle, dit-il, il s'est montré bien plus malin que le renard.
Il oublie, bien entendu, de parler de ses frayeurs. Il est vrai que les coqs ont une si petite tête...

Dans la basse-cour, ce ne sont que soupirs et cris d'admiration.
Certaines poulettes vont même jusqu'à certifier que Crête Rouge passerait volontiers une autre nuit dehors.
Étrange... Car depuis, lorsque la nuit tombe, c'est Crête Rouge qui, le premier, s'installe sur son perchoir du haut duquel il invite le reste de la basse-cour à venir se coucher...

Le géant qui ne voulait plus être géant

Marc Van Laere

Il y a bien longtemps, près d'un joli petit village, vivait, dans la montagne proche, un géant. C'était un vrai géant, qui même pour un géant, était très, très grand. Mais contrairement à beaucoup de géants, celui-ci était un brave homme. En un mot, c'était un gentil géant, qui adorait les enfants.

Malheureusement, ceux-ci avaient très peur de lui. Lorsque l'un d'entre eux avait fait une grosse bêtise, ou qu'un petit garçon ou une petite fille était désobéissant, ses parents le menaçaient :

– Si tu n'es pas sage, le géant va venir te prendre !

Ce qui fait que la peur du géant les rendait doux.

Mais cela faisait un brave géant bien malheureux.

De temps en temps, il quittait son château dans la montagne et descendait au village, les poches remplies de bonbons. Arrivé près des premières maisons, il appelait :

– Les enfants, c'est moi, votre ami le géant. Venez donc me dire bonjour.

Mais dès qu'ils entendaient sa grosse voix, les enfants couraient se cacher dans leur maison, et les parents fermaient portes et volets. Les rues se vidaient et la ville était comme morte.

Le géant, tout chagriné parce que personne ne voulait de lui, regagnait alors tristement son château dans la montagne.

Un jour cependant, il décida que cela ne pouvait plus durer. Il devait quand même bien exister un moyen pour ne plus effrayer les enfants… Oui, mais lequel ?

Il lui vint alors une idée : il fallait qu'il devienne un petit géant, un tout petit géant…

En fait, il fallait qu'il puisse retrouver une taille normale, comme tous les gens qu'il apercevait de loin. Les enfants alors ne fuiraient plus à son approche, et il pourrait enfin jouer avec eux et leur donner des bonbons.

« Voilà, se dit-il, ce qu'il faut que je fasse ! »

Mais cela était plus facile à dire qu'à faire… C'est alors qu'il se souvint d'une vieille sorcière qui vivait dans la forêt, à trois jours de marche. Si quelqu'un pouvait l'aider, c'était elle.

Il se mit aussitôt en route. Longtemps, il marcha, par monts et par vaux. Il traversa des rivières, se fraya un chemin à travers des bois impénétrables…

Mais rien n'aurait pu l'empêcher de continuer son chemin : il voulait devenir petit !

Le troisième jour il atteignit enfin la clairière où, disait-on, demeurait la sorcière.

Il y avait là, en effet, une misérable cabane.

Mais lorsque le géant se mit à appeler « Madame la sorcière… ho ! ho… », personne ne répondit… Le silence autour de lui était total.

Lorsque le géant se pencha très fort pour regarder à l'intérieur de la masure, il constata que celle-ci était vide !

C'est que, entendant approcher le géant qui faisait trembler la terre à chaque pas, la sorcière avait pris peur et s'était enfuie au plus profond de la forêt.

– Madame la sorcière, reprit notre géant de sa plus forte voix, je ne vous veux aucun mal. J'aimerais seulement que vous m'aidiez à avoir une taille normale pour que les enfants n'aient plus peur de moi.

À ces mots, la sorcière sortit prudemment du bois. Elle regarda longuement le géant, trouva qu'il avait une bonne tête et lui dit :

– Écoute. Je vais essayer de t'aider. Attends ici pendant que je cherche dans mes grimoires la formule qui te permettra de rapetisser.

Et sur ces mots, elle disparut dans son antre.

Le géant reprit espoir. Il allait enfin avoir une taille normale. Il s'installa le plus confortablement possible sur la mousse et attendit patiemment le retour de la sorcière.

Pendant ce temps, celle-ci avait mélangé dans un grand chaudron noir toutes sortes d'herbes et d'autres ingrédients mystérieux, qu'elle avait fait bouillir afin de préparer une potion magique, qui avait pour effet de rendre les gens petits.

Elle marmonna une formule cabalistique connue d'elle seule, puis elle sortit de sa cabane en disant :

– Voilà. Cela devrait marcher. Bois cette potion, et tout s'arrangera.

Hélas, il y avait un problème... Le géant étant très, très grand, et la sorcière toute petite, celle-ci n'arrivait pas à le faire boire ! Elle alla donc chercher une grande échelle, et prenant garde de ne pas renverser la potion, monta péniblement, barreau après barreau, jusqu'à hauteur de la tête de notre géant.

– Ouvre grand la bouche, lui intima-t-elle, et bois ceci d'un seul coup.

Le géant avala la potion.

Et à l'instant même il se sentit devenir petit, plus petit, encore plus petit... Et même tellement petit que l'échelle se mit à osciller, à pencher et à s'abattre dans un grand fracas de bois brisé ! Et la sorcière se retrouva étalée de tout son long dans les buissons ! Non seulement, notre pauvre géant n'était plus un géant, mais il avait diminué tant et tant qu'il avait maintenant à peine la taille d'un nain !

Que s'était-il passé ? Tout simplement ceci : la sorcière, voulant faire bonne mesure vu la taille du géant, s'était trompée dans ses quantités et avait exagéré les doses ! Mais ceci ne faisait pas l'affaire de notre géant... Ou faut-il dire : de notre nain ?

– Madame la sorcière, s'exclama-t-il, je vous conseille vivement de préparer un remède, pour que je puisse retrouver une taille convenable. Et ce sans plus tarder. Compris ?

La sorcière, toute courbaturée par sa chute, se mit alors à rechercher dans ses parchemins une formule pour faire grandir. L'ayant enfin trouvée et ayant rapidement préparé une nouvelle mixture, elle l'administra à notre ami.

Mais, troublée par sa chute et effrayée par le géant, une fois de plus elle se trompa. Le géant se remit à grandir. Pas autant qu'auparavant, mais il se retrouva à nouveau beaucoup trop grand !

Notre géant prit alors lui-même les choses en main. Mélangeant les deux potions magiques, celle qui fait devenir petit et celle qui fait grandir, il se prépara le remède idéal. Et l'ayant vidé d'un seul trait... glou, glou, glou... il vit tout joyeux qu'il avait enfin atteint une taille normale et qu'il était devenu comme tout le monde.

Après avoir remercié la sorcière, bien contente d'être enfin débarrassée de cet encombrant personnage, notre ami se hâta de regagner son château.

Cependant, arrivé chez lui, il se trouva confronté à une nouvelle difficulté. Impossible d'introduire sa clé dans la serrure de la grande porte du château : celle-ci était maintenant hors d'atteinte ! Il put heureusement entrer par la chatière.

Vite, il se remplit les poches de bonbons et descendit à toutes jambes la route qui menait au village.

Qu'il était joyeux ! Car maintenant les enfants ne s'enfuiraient plus à sa vue.

Lorsqu'il arriva à hauteur des premières maisons, il n'en crut pas ses oreilles ni ses yeux : les villageois qu'il croisait, loin de fuir, lui souhaitaient gentiment le bonjour ou passaient près de lui sans lui prêter attention ! Il était donc vraiment devenu pareil aux autres gens !

Quand il eut réuni autour de lui une bande d'enfants, à qui il distribuait ses bonbons, aucun ne voulut d'abord croire qu'il était ce géant devant lequel ils avaient tant tremblé... Finalement, ils le reconnurent à ses vêtements et à sa voix.

Et depuis ce jour, notre « géant » descend bien souvent au village, où il est toujours entouré de toute une ribambelle d'enfants dont il est le grand ami.

Pourquoi la sole est un poisson plat !

Françoise Bobe

Il y a de cela bien longtemps, vivait dans l'océan un tout petit poisson qui posait toujours des questions :
« Existe-t-il autre chose que la mer et les poissons ? Il est grand comment, l'océan ? D'où vient-elle, toute cette eau ? »
Les autres poissons étaient bien embarrassés pour lui répondre. Mais, un jour, il rencontra un poisson savant.
– L'océan est IMMENSE ! lui dit-il. Mais il existe des rivières et des ruisseaux d'où l'on peut voir les deux bords à la fois ! Dans l'océan, on n'a jamais vu ça... L'eau vient du ciel et de la terre aussi : de la source. C'est un endroit merveilleux : l'eau sort du sol comme un sanglot.

Depuis ce jour-là, le petit poisson n'eut plus qu'une seule idée en tête : aller à la source. Les autres se moquaient de lui :

– Tu es fou. Tu n'y arriveras jamais. L'eau douce est si fade que tu en mourras.

Mais rien n'arrêta le petit poisson curieux. Il nagea longtemps, longtemps dans l'océan. Le voyage fut si long qu'au fil des jours il avait grandi. Il était même devenu plutôt dodu ! Finalement, le paysage changea peu à peu. Un jour, il demanda son chemin aux poissons qui passaient :

– Suis-nous ! répondirent-ils.

Il venait de s'adresser aux saumons. Eux connaissaient bien le chemin. Ils remontaient la rivière chaque année.

Nager à contre-courant n'était pas chose facile. Il fallait lutter contre la force de l'eau. Il faillit suffoquer plusieurs fois. Heureusement, les saumons lui firent une petite place dans l'ascenseur à poissons. Mais il n'était pas encore arrivé ! Il pensait en faisant des bulles :

« C'est vrai qu'ici l'eau est bien fade ! Peu importe, j'approche du but. »

Soudain, il bondit de joie. Il venait de voir les deux berges à la fois.

« Le poisson savant avait raison ! se dit-il. »

Puis il interrogea une truite :

– Qu'est-ce qu'il y a, là-bas, sur le bord ?

Elle lui fit les gros yeux.

– Attention ! C'est un pêcheur. Gare à son hameçon ! S'il te prend, tu ne verras pas la source.

Le petit poisson fit un détour et poursuivit son chemin.

Au fur et à mesure qu'il approchait, il y avait moins d'eau et le ruisseau devenait étroit. Et bientôt, son ventre frottait sur les cailloux.

– Zut ! fit-il. Je suis pourtant presque arrivé !

Alors, le petit poisson rentra le ventre, s'étira, s'allongea, s'étala autant qu'il put. Il resta même plusieurs jours sans manger. Il ne pensait plus qu'à s'aplatir.

C'est ainsi que le petit poisson plutôt dodu devint... tout plat ! Enfin, il atteignit cet endroit merveilleux où l'eau sort de la terre comme un sanglot. Il écouta longuement le chuchotement de la source. Puis, content, il fit demi-tour vers l'océan.

Par la suite, quoi qu'il mangeât, ce poisson-là garda la forme qu'il a encore aujourd'hui. On dit que c'est depuis cette histoire que la sole est un poisson plat !

Pom-Pom guérit ses amis les animaux

Marc Van Laere

– Aïe ! Ouille, ouille, ouille ! j'ai mal, aïe !
Voilà ce qu'entendit Pom-Pom, un jour où il travaillait dans le bois derrière sa petite cabane. « Mais que se passe-t-il ? se dit-il. Il faut que j'aille voir qui gémit ainsi. » Il fait le tour de sa maisonnette et il aperçoit, perché sur une fleur, un magnifique papillon de ses amis.
– Eh bien, papillon, que se passe-t-il ? lui demande Pom-Pom.
– Oh ! Pom-Pom, répond le papillon, peut-être pourras-tu m'aider. Je souffre. J'ai si mal. Je crois bien que je me suis cassé une aile.

Pom-Pom, qui s'y connaît un peu en médecine, lui dit :
– Montre-moi où cela te fait mal, je verrai ce que je peux faire.
Il examine le papillon et constate qu'en effet l'aile est cassée… et il est évident que l'on souffre beaucoup lorsqu'on a l'aile cassée.
– Bien, dit Pom-Pom, je vais arranger cela.
Il retourne chez lui, choisit quelques herbes et quelques plantes, écrase le tout dans un mortier, en fait une pâte et revient ensuite près de son ami le papillon.

Ce que tu ne sais peut-être pas, c'est que Pom-Pom, qui vit dans la nature, connaît bien les plantes et les herbes sauvages… Il sait lesquelles utiliser lorsqu'on est malade ou blessé… Et c'est ainsi qu'il peut aider et soulager ses amis qui viennent le voir.

– Papillon, dit Pom-Pom. Ne bouge pas. Je vais t'arranger cela.
Pom-Pom enduit l'aile cassée de sa pommade, fixe l'aile grâce à deux petites brindilles pour l'immobiliser et dit au papillon :
– Voilà, maintenant ne bouge plus pendant deux à trois jours, et ton aile sera complètement guérie. Alors tu pourras à nouveau voler comme avant ton accident.
Le papillon était soulagé et ne souffrait presque plus. Il se sentait bien. Il remercia Pom-Pom et repartit à pied, parce qu'il ne pouvait pas encore voler.

Ce faisant, notre papillon sur son chemin rencontre le sanglier. Le sanglier gémissait :
– Je me suis aventuré dans un buisson plein d'épines. Et il m'en est resté une, fichée en plein dans le groin. Ça me fait un mal d'enfer et je ne parviens pas à l'arracher.
– Ah ! dit le papillon au sanglier. Va donc voir Pom-Pom, il est formidable. Il peut t'aider. Et tu verras, il te guérira en un rien de temps.
Le sanglier, en gémissant, se rend chez Pom-Pom, qui lui dit :
– Ah ! je vois ce que c'est, couche-toi là. Je reviens dans un instant.

Pom-Pom choisit des herbes, les fait bouillir dans une marmite avec un peu d'eau de l'étang, en fait une bonne pommade, prend une petite pince et revient près du sanglier.
Il s'approche, examine le groin du sanglier, arrache l'épine. Que cela fait du bien !
Le sanglier ne sent presque plus rien.
– Voici ma pommade, lui dit Pom-Pom. Mets-en un peu chaque matin là où tu étais blessé. Tu verras, dans quelques jours, tu seras complètement guéri et tu pourras à nouveau fouiller la terre pour y chercher des graines, des pommes de terre et de bons vers bien gras.
Le sanglier, tout heureux, remercie chaleureusement Pom-Pom et s'en retourne dans la forêt. Mais en chemin, il rencontre le mille-pattes. Celui-ci semble souffrir énormément et ne peut presque plus marcher.
– Que se passe-t-il ? lui demande le sanglier. Que t'est-il donc arrivé ?
Le mille-pattes lui répond :
– J'ai marché sur une grosse touffe d'orties, ça me brûle et ça me pique. J'ai au moins cinq cents pattes qui me font un mal de chien.
– Oh ! là, là ! lui dit le sanglier. Il n'y a qu'une seule chose à faire : va voir Pom-Pom. C'est un vrai magicien. Il m'a guéri. Il a guéri le papillon. Si quelqu'un peut te soulager, ce sera lui. Aussitôt dit, aussitôt fait. Le mille-pattes se traîne sur ses autres cinq cents pattes et s'en va voir Pom-Pom.

– Oh là ! lui dit Pom-Pom. Que s'est-il passé ?
– Eh bien voilà, répond le mille-pattes. J'ai marché dans des orties. Et ça brûle. C'est insupportable. Vite, fais quelque chose pour soulager la douleur.
– Couche-toi sur le côté. Je vais t'arranger ça, lui répond Pom-Pom.
Il rentre dans sa maison, choisit quelques herbes connues de lui seul. Il y ajoute un peu de salive, mélange bien le tout, jusqu'à ce qu'il obtienne une pommade bien lisse. Il revient près du mille-pattes qui souffre toujours le martyre.
– Attention, dit Pom-Pom, ne bouge plus. Je vais t'enduire les pattes de ma pommade. Tu verras, dans quelques minutes, la douleur disparaîtra.
Et miracle : en effet, un petit peu plus tard, le mille-pattes se sent complètement guéri. Heureux, il remercie Pom-Pom et le voilà parti de toute la vitesse de ses mille pattes ! Et je t'assure que sur mille pattes, on court vite...
Pom-Pom, après cette rude journée, se dit qu'il a bien travaillé et décide qu'il a mérité une bonne sieste. Alors, il se couche dans l'herbe tendre, ferme les yeux et s'assoupit aussitôt. Et ses amis les animaux de la forêt, tout autour de lui, disent :

– Chut ! Ne faisons pas de bruit, notre ami Pom-Pom se repose.

La vieille et le chat Murat

Héloïse

Il y a fort longtemps, au royaume du Pays d'Autrefois, vivait dans une masure au fond de la forêt une vieille femme, usée, voûtée, ridée. Elle était très pauvre et transportait des fagots de bois sur son dos tout le jour, pour se chauffer l'hiver. Elle vivait seule avec son chat angora qui répondait au nom de Murat. Celui-ci était très beau, orgueilleux et paresseux. Il passait son temps à se prélasser devant les feux de cheminée que la vieille allumait. Il ne chassait pas, il ne courait pas et ne ronronnait jamais, au grand désespoir de sa maîtresse.

Elle avait beau le caresser, le chauffer, le nourrir, lui donner son plus beau coussin, rien n'y faisait. La vieille vivait pour son chat Murat, elle l'idolâtrait, le chouchoutait. Elle se privait de tout pour le chat Murat. Lui s'en moquait, il trouvait tout cela naturel. Lorsque la vieille ne faisait pas ce qu'il désirait, il se levait, s'étirait et sortait de la masure d'un air méprisant. Alors, la vieille pleurait :

– Je t'en prie, Murat, ne me laisse pas seule, dis-moi ce qui te ferait plaisir et je le ferai.

– Pff ! disait le chat, méprisant.

« Que pourrais-je faire pour que ce chat soit plus heureux ? se disait la vieille. Si j'avais de l'or, je pourrais lui offrir tout ce qu'il y a de plus beau, les mets les plus délicieux, ainsi il serait plus heureux et il ronronnerait. Je suis sûre que cette masure n'est pas assez belle pour lui ! »

Cependant, un jour, la vieille, qui était sortie chercher du bois pour sa cheminée, au plus profond de la forêt, s'écroula, harassée, au pied d'un arbre.

« Je n'en peux plus ! gémissait-elle. C'est trop dur, mes jambes ne me portent plus ! »

La nuit tomba et la vieille, assise au pied de l'arbre, pleurait à chaudes larmes.

« Que va devenir Murat si je ne lui apporte pas de quoi se chauffer ? Lui qui aime tant la chaleur. Je vais peut-être mourir ici… »

Ses larmes tombaient sur les racines de l'arbre lorsque, soudain, elle entendit une voix qui lui disait :

– Arrête de pleurer, la Vieille !

La vieille, éberluée, regarda autour d'elle.

– Qui parle ? demanda la vieille, inquiète de ne voir personne.

– C'est moi, le Charme ! Tu es assise sur mes racines, la Vieille !

– Oh ! Un arbre qui parle ! Je n'ai jamais vu ça ! s'écria la Vieille.

– Oui, je sais, c'est surprenant, mais tu es au cœur de la forêt et ici tout le monde parle ! Je te trouve bien triste, la Vieille !

– Hélas, le Charme, mes jambes ne me portent plus, je suis si vieille, je ne sais pas si je pourrai retourner chez moi et mon chat Murat m'attend.

– Je connais ton histoire, la Vieille. Je t'ai vue passer tant de fois près de moi. J'ai vu aussi ton chat Murat, il est cruel, paresseux, orgueilleux ; ici, dans la forêt, tout le monde se méfie de lui. Tu es bien trop gentille avec lui, la Vieille !

– Je l'aime, tout simplement ! dit la Vieille.

– Oui, oui, bien sûr ! Mais lui, t'aime-t-il ? Ce qu'il aime avant tout, c'est le coin chaud près du feu que tu lui offres, les repas que tu lui mijotes. Je suis sûr qu'il ne ronronne même pas lorsque tu le caresses !

– C'est vrai, le Charme, mais comment le sais-tu ?

– Je m'en doutais, c'est tout ! Il est si égoïste que tout lui est dû ! Oh, bien sûr, il est beau, mais cela ne suffit pas !

– Que pourrais-je faire, le Charme, pour qu'il ronronne ? C'est mon souhait le plus cher !

– Oh, tu sais, je ne suis qu'un vieux charme, je n'ai pas beaucoup de conseils à te donner. J'ai vu tant de choses au cours de ma longue vie. Tu trouveras la vérité en toi, c'est tout !

Un hibou perché sur une des branches du charme avait tout entendu et se mêla à la conversation.

– Le Charme a raison, la Vieille. Ton Murat n'est pas un bon chat ! Il reçoit, mais ne donne pas ! Cela n'est pas juste, il ne te mérite pas ! Je l'ai vu agir tant de fois avec les oiseaux et les mulots, il est cruel !

– Oh ! s'exclama la Vieille. Je suis bien triste pour tout ce que vous me dites. Mais que puis-je faire pour qu'il ronronne ? Peut-être que si j'étais plus riche il serait plus heureux !

– S'il ne t'aime pas, la Vieille, il ne ronronnera jamais et l'amour ne s'achète pas ! On aime ou on n'aime pas ! dit le Hibou.

Cette conversation réveilla la Chouette, elle donna son opinion :

– À mon avis, la Vieille, tu le gâtes trop ! Laisse-le dehors un peu plus souvent pour qu'il apprécie le coin de la cheminée et les repas ! Tu verras, il sera si content de rentrer au chaud qu'il se mettra à ronronner !

– Vous avez peut-être raison ! dit la Vieille. Mais pour le moment, je suis bien incapable de me traîner jusque chez moi, tant je suis fatiguée !

– Écoute, dit le Hibou. Je connais un endroit où tu pourrais te reposer cette nuit et reprendre des forces ; suis-moi, ce n'est pas loin.
La Vieille remercia le Charme et la Chouette et se leva péniblement pour suivre le Hibou. Il la conduisit jusqu'à un abri naturel, fait de branches et de feuilles bien touffues. Au sol, un tapis de mousse tendre accueillit le corps épuisé de la Vieille.
– Ne t'inquiète pas, la Vieille ! Nous allons veiller sur toi ! Bonne nuit !
La Vieille, rassurée, remercia le Hibou et s'endormit aussitôt.
Le lendemain, elle fut réveillée par des petits cris. Elle découvrit, blotti tout contre elle, un adorable chaton sauvage.
– Oh, que tu es joli ! s'exclama la Vieille, et elle le caressa.
Celui-ci s'arrêta instantanément, rassuré, il se mit à ronronner de plaisir.
La Vieille fut si heureuse d'entendre les ronronnements du chaton qu'elle décida de l'adopter.
– Tu es un gentil chaton, je vais t'appeler Léon !
Tu vas venir chez moi, tu verras, tu ne seras pas malheureux.
Ce qui fut dit fut fait.

Léon le chaton marcha sur les talons de la Vieille jusqu'à sa masure. En arrivant chez elle, elle appela : « Murat ! Murat ! » Mais celui-ci ne vint pas. Pour la première fois, la Vieille ne pleura pas. Elle s'occupa de Léon et l'installa devant la cheminée. Aussitôt, Léon le chaton se mit à ronronner de plaisir sous les yeux émerveillés de la Vieille.

Le soir même, le chat Murat vint gratter à la porte. La Vieille vint lui ouvrir :

– Ah, enfin Murat ! Où étais-tu passé ?

Le chat orgueilleux passa d'un air hautain devant la Vieille et se dirigea vers son coussin favori placé devant la cheminée. À sa grande surprise, celui-ci était occupé par une horrible petite boule de poils. Il se fâcha, se hérissa et feula méchamment. Le chaton prit peur et courut se cacher dans les jupes de la Vieille.

– Assez, Murat ! Cela suffit ! se fâcha la Vieille.
Le chat Murat regarda d'un œil mauvais Léon le chaton et, toutes griffes dehors, il s'apprêtait à prendre le coussin sauvagement, lorsque la Vieille intervint :

– Non, Murat ! c'est fini ! À présent, tu dormiras sur un autre coussin ! C'est cela ou rien !

Le chat, stupéfait, regarda la Vieille, incrédule. Quoi, c'était cet horrible chaton qui avait volé sa place ! À cause de lui, la Vieille ne l'aimait plus !

Le chat Murat, tout penaud, réalisa qu'il ne faisait plus la loi dans son logis et s'installa sur le second coussin qui était moins bien placé et se roula en boule, en pensant qu'il avait été bien sot de ne jamais montrer son attachement à la vieille. À présent, il ne voulait pas perdre son affection. Il n'allait pas laisser Léon le chaton prendre sa place dans le cœur de la vieille.

Celle-ci s'assit sur l'unique chaise entre Murat et Léon et soudain on entendit dans la pièce un ronronnement si beau, si fort que la Vieille en fut bouleversée.
Le chat Murat ronronnait enfin ! Il l'aimait donc ! Elle n'avait pas eu besoin d'or comme elle le pensait. Le Hibou avait raison, l'amour ne s'achetait pas ! Ainsi, la Vieille et ses deux chats vécurent heureux en harmonie, jusqu'à la fin de leurs jours.

Renardeau

Françoise Bobe

Renardeau, dans sa tanière, a un peu faim. Il sort de chez lui. Dehors, la neige a tout recouvert. Lui aussi a mis son habit d'hiver. Même tout blanc dans la neige, on t'a reconnu, Renardeau, avec ton petit museau pointu et tes yeux malins soulignés de brun !

La neige est fine, moelleuse. Il a envie de jouer, courir, sauter. Il s'amuse à donner des coups de patte pour la faire voler autour de lui. Il s'y roule de plaisir et oublie sa faim. Lorsqu'il se redresse, il a chaud dans sa fourrure. Il croque un peu de neige pour se désaltérer. C'est alors qu'il voit des traces qu'il ne connaît pas.

Il s'approche, flaire le sol. Il enfonce une patte dans la neige pour comparer les traces.

« Qu'elles sont larges !... À qui appartiennent-elles ? Qui a bien pu passer par ici ?... Pour le savoir, je n'ai qu'à suivre le même chemin ! », se dit Renardeau, malin.

Il se met en route. Il marche longtemps à côté des empreintes mystérieuses. Puis soudain... plus rien ! Il regarde le ciel. Envolées !

Non, Renardeau est au bord d'un lac gelé où l'on ne voit plus les pas inconnus.

« Si je vais tout droit, je les retrouverai certainement de l'autre côté ! », pense Renardeau, futé.

Il poursuit son chemin. Mais voilà qu'au beau milieu du lac gelé, il s'arrête. Son cœur cogne. Il a l'impression qu'il cogne jusque dans sa tête : « Et si la glace craquait ? » Un long frisson lui parcourt l'échine.

« Non, non ! », se répète-t-il en fermant les yeux. Il reprend son souffle

Il repart sur la pointe des pattes pour se faire plus léger. Si léger que jamais la glace ne pourra se briser ! Et… il arrive de l'autre côté. Là, en effet, il retrouve les traces dans la neige.
Il oublie sa peur et poursuit sa route.

Dans la grande plaine qu'il traverse maintenant, il s'étonne que les traces larges ici soient si petites là-bas, à l'horizon. Il s'assied un moment et réfléchit.
« Qui a pu faire un si long voyage ?… Pour aller où ? »
Renardeau ne se décourage pas. Il finira par savoir et repart d'un bon pas.

Lorsque les traces le conduisent à nouveau dans la forêt, il se demande si elles ne le ramènent pas vers sa tanière. Il est presque en colère. Ses moustaches ne font qu'un tour au bout de son museau pointu.
« J'ai fait tout ce chemin pour me retrouver devant chez moi ?! »

Il respire profondément, retrouve son calme et rentre chez lui. Il oublie sa colère. Il y a là un paquet rouge et vert ! Il écarquille ses yeux malins soulignés de brun, pour mieux voir les lettres d'argent tracées sur le ruban. Il lit à haute voix :
– Joyeux Noël !
Alors il comprend qu'il a suivi les traces de pas du père Noël. Il ne savait pas que les renardeaux recevaient eux aussi, ce jour-là, un petit cadeau !

Un étrange cadeau de Noël

Françoise Le Gloahec

Dans la rue sombre d'une petite ville, un enfant marchait, un bonnet enfoncé jusqu'aux yeux. Il ne parlait pas. Mais que faisait-il dehors par un froid pareil ? Il aurait dû dormir bien au chaud dans son lit. Mais pour rêver douillettement sous la couette, il faut avoir une maison. Depuis ce matin, Julien et François, son père n'avaient plus de maison car, depuis longtemps, François n'avait plus de travail.

Pourtant le garçon n'était pas malheureux : il pensait qu'un jour, une bonne nouvelle changerait leur vie. Mais ce soir, François devait trouver un endroit où passer la nuit !

Ils s'arrêtèrent devant une grande maison inhabitée, aux volets fermés. François se décida : « Tant pis. Il fait trop froid. Julien va tomber malade. Entrons ! »

Vite, ils coururent vers l'arrière de l'habitation. À tâtons, François crocheta la serrure de la petite porte. Julien grelottait de peur, de froid, de honte un peu aussi. À huit ans, on sait reconnaître le bien du mal !

Il devinait que son père voulait le mettre à l'abri. Mais il savait aussi qu'ils étaient chez quelqu'un sans son autorisation.
François découvrit des provisions dans la cuisine :
– Approche-toi, mon grand. Je vais faire à manger.
Le repas, la chaleur des radiateurs allumés par son père eurent raison des forces de Julien.

– Allons voir à l'étage où nous pouvons dormir.
Ne t'inquiète pas.
Nous n'abîmerons rien et ferons le ménage avant de partir. Repose-toi tranquillement.
Le garçon s'endormit aussitôt. François s'assit dans le canapé du salon et… s'assoupit.

Des bousculades et des rires, puis un cri de surprise le tirèrent brusquement de ses rêves. Il faisait grand jour. François comprit alors qu'une famille venait d'entrer dans la maison.

– Que faites-vous chez moi ? demanda un homme au manteau couvert de neige.

– Mais qui vous a permis de vous installer ici ? ajouta une dame.

– Euh !... Excusez-moi. Il faisait si froid cette nuit...

– Mais ce n'est pas une raison ! J'appelle la police !

– Non, je vous en prie. Ne faites pas cela !

À cet instant surgit Julien, réveillé par les cris.

– Vite, Julien ! Partons ! dit François au moment où une petite fille s'approchait d'eux en souriant au garçon.

– Je m'appelle Caroline, et toi ? Tu viens ? Je vais te montrer mes jouets.

Julien regarda son père. C'est l'homme au manteau qui prit la parole :

– Eh bien, les enfants sont plus raisonnables que nous. Asseyons-nous et parlons.

François raconta sa vie, sa malchance. La maman de Caroline, très émue, proposa :
– La maison est grande. Vous pourriez passer Noël avec nous. Vous nous aiderez à décorer le sapin, à préparer le réveillon. Nous attendons des parents.
– Mais, c'est que... bégaya François, surpris, je ne veux pas vous déranger.
– C'est Noël pour tout le monde. Dites oui, ajouta le père de Caroline.
– C'est très gentil de votre part. Pour Julien, j'accepte.
Ainsi, ils firent connaissance et devinrent amis. À minuit, Julien découvrit sous le sapin des paquets à son nom. L'un d'eux l'étonna : il était tout plat.
– C'est un cadeau de Caroline. Elle affirme l'avoir demandé directement au père Noël, expliqua la mère de la fillette.
– C'est vrai ! Tu vas être étonné, ajouta Caroline d'un air mystérieux.
Julien défit lentement le beau papier rouge et or. À l'intérieur, il découvrit un puzzle très coloré et sûrement très difficile. Julien sourit à Caroline mais pensa qu'il ne pourrait jamais le reconstituer. Il n'avait pas de maison, donc pas de chambre ni de table pour s'y installer. Il embrassa la fillette sur les deux joues. La soirée fut gaie et François heureux de voir les enfants jouer près du sapin.

Plus tard, dans la chambre, Julien proposa :

– Si on commençait le puzzle ?

– D'accord, mais il a l'air dur.

– Ouais ! Mais on va d'abord faire le tour. C'est plus facile, sourit Julien.

Le cadre terminé, Caroline dormait à poings fermés. Julien s'attaqua aux minuscules visages du puzzle. Un œil bleu... un petit bout de nez... la bouche... Dès qu'il plaça le deuxième œil, un nuage blanc envahit la chambre. Au centre, un petit personnage vêtu de rouge, au regard semblable à celui d'un bonhomme du puzzle, s'adressa à lui :

– Alors, c'est toi le Julien dont a parlé Caroline ?

– Qui, qui êtes-vous ? De quoi parlez-vous ?

– Je me présente : Sol, Monsieur Sol pour te servir, dit-il en faisant la révérence. Je suis l'un des lutins du père Noël.

– Mais c'est impossible ! Vous ne pouvez pas exister !

– Et pourquoi donc, jeune homme ? Ne sais-tu pas que Noël est un moment magique ?

– Oh moi, vous savez, je n'ai pas trop le temps de penser à ça !

– Eh bien, profite de l'occasion. Je suis ici pour exaucer ton plus cher désir.

– Alors là, je serais surpris que vous y arriviez !

– Allons, fais-moi confiance et raconte.

– Bon... Vous l'aurez voulu. Moi, ce que j'aimerais, c'est que mon père trouve du travail. Ça le rendrait si heureux.

– C'est comme si c'était fait ! Au revoir !

Pschitt ! Le lutin s'évapora. Julien, songeur, n'entendit pas François entrer et sursauta.

– Mon garçon, j'ai une bonne nouvelle ! Le père de Caroline propose de m'employer dans son usine ! C'est formidable, non ?

– Si, si... marmonna Julien, au comble de la surprise.

François rejoignit ses amis au salon. Julien reprit le puzzle, cherchant un autre sourire, une seconde paire d'yeux qui irait avec une jolie bouche. Ça y est ! Aussitôt, un nuage, rouge celui-là, investit la chambre et une figure ronde s'écria :

– Bonjour Julien !

– Comment connais-tu mon nom ? demanda le garçon à la jeune fille vêtue d'une combinaison de velours.

Ses cheveux blonds, courts et bouclés donnaient à son visage un air tendre.

– C'est Sol qui m'a parlé de toi. Il t'a trouvé très sympathique.

– Ah ! Mais lui, il est carrément fantastique ! Et toi, comment t'appelles-tu ?

– Moi, c'est Ida. Jeune fille lutin aux ordres du père Noël. Que désires-tu à présent ?

– Je ne sais pas. Ah si ! J'aimerais avoir une maison, pas trop grande, avec un jardin.

– Pas de problème ! Contente d'avoir fait ta connaissance. Adieu !

Elle s'évapora comme Monsieur Sol. Julien s'approchait de son père au moment où l'un des invités lui proposait :

– J'ai une vieille maison. Vous pourriez y habiter gratuitement. Personne ne l'utilise depuis longtemps.

Le père de Julien, les larmes aux yeux, dit à Julien dans le couloir :

– As-tu entendu ? Nous allons avoir un logement !

– Génial, papa. Tu vois, je savais qu'un jour on aurait de la chance, dit le garçon en sautant dans les bras de son père.

Julien grimpa quatre à quatre les marches jusqu'à la chambre. Caroline souriait dans son sommeil. Il retourna à son jeu avec une petite idée en tête. Il chercha un œil, vert cette fois, puis l'autre.

« Et la bouche ? Non, pas celle-là. Celle-ci peut-être ? Oui, c'est mieux. »

Il trouva le nez et le plaça délicatement au-dessus du sourire. Dans un nuage, vert bien sûr, un visage rond, encadré de longs cheveux bruns et brillants, lui sourit.

– Alors, Julien ? Tu n'as pas l'air surpris de me voir ?

– Oh, vous savez... Vous êtes le troisième lutin de la soirée. Je m'habitue, mais je vous trouve belle. C'est quoi votre nom ?

– Marité, mais tout le monde m'appelle Rité. Je sais que tu as déjà rencontré Sol et Ida. C'est à moi de réaliser ton dernier souhait.

– D'accord. On peut essayer, mais je vous préviens : c'est pas cool du tout comme vœu !

– Vas-y, je suis prête !

– Je... j'aimerais, ce serait hypergénial si vous retrouviez ma maman. Mes parents se sont séparés, il y a trois ans. Je ne l'ai jamais revue. Elle me manque beaucoup.

– Je vais voir ce que je peux faire. Au revoir !

Comment Rité allait-elle s'y prendre ?

À trop réfléchir, Julien s'endormit sur le lit jumeau, à côté de Caroline. Lorsqu'il s'éveilla, les invités étaient partis.

Son père et les parents de Caroline avaient terminé le nettoyage de la maison. Ils plaisantaient en buvant un café.

– Alors, c'est d'accord, François. Tu commences lundi, confirma le père de Caroline. Que vas-tu faire aujourd'hui ? Tu as certainement des choses à organiser avant de retravailler.

– Oui. Je vous laisse Julien. Je serai de retour dans la soirée. Merci pour tout.

Le jour de Noël s'écoula paisiblement. Derrière les vitres, Julien guettait : qu'est-ce qui pouvait retenir son père si longtemps ? Au même moment, le carillon le fit sursauter. Il se précipita pour ouvrir sur…

sa maman ! Elle était là, devant lui, souriante, aussi belle qu'autrefois.

– Maman, tu es revenue ! Pourquoi est-ce que je ne te voyais plus ?

– Lorsque ton papa a perdu son travail, notre vie est devenue très difficile. Nous nous disputions souvent. J'ai décidé de partir, mais chaque jour, je pensais à vous deux, dit-elle en le prenant dans ses bras.

– Et maintenant ? demanda le garçon en pensant à Rité.

– Maintenant, je l'ai suppliée de revenir vivre avec nous, s'écria François en riant.

Caroline et ses parents applaudirent. Ce fut une tournée d'embrassades et de larmes de joie.

Depuis ce jour de Noël, des années ont passé. Caroline et Julien sont restés les meilleurs amis du monde. Julien vient de fêter ses trente ans. Il est papa à son tour. Mais il a gardé une drôle d'habitude : de temps en temps, il s'enferme seul dans sa chambre, sort un petit paquet au papier rouge et usé et… reconstitue son merveilleux puzzle en souvenir du plus beau Noël de sa vie.

Mystic le pingouin

Marc Van Laere

Une petite fille, une toute petite fille, court le long de la plage… une grande, une très grande plage qui s'étend à perte de vue le long de l'océan. La plage est bordée d'arbres, de buissons fleuris et de gros rochers.

La petite fille qui marche dans le sable est toute seule, et un peu triste, car elle ne retrouve pas ses parents. Ils étaient là, assis au bord de l'eau… Et puis elle s'est imprudemment éloignée, et maintenant elle ne voit plus personne.
Ah si, quand même… là-bas au loin, sur un rocher qui s'avance dans la mer, elle distingue quelqu'un, une vague silhouette…
Alors elle se hâte… Mais non, ce n'est pas maman, ni papa… ce n'est même pas une personne… On dirait un oiseau.
Il est bizarre cet oiseau ! Il n'a pas d'ailes… Enfin, presque pas… Rien que deux petits bouts ridicules ! Et il se tient debout sur ses deux pattes. C'est pour cela que, de loin, la petite fille l'avait pris pour un être humain.

L'animal, qui est aussi grand que la petite fille, est noir, avec le ventre gris-blanc, et un grand bec orange…
Il a l'air bien gentil.

La petite fille s'approche et lui dit :

– Bonjour. Dis-moi, qui es-tu ? Je ne te connais pas.

L'étrange animal lui répond aimablement :

– Je suis un pingouin, et je m'appelle Mystic.

– Je ne t'ai encore jamais vu ici sur la plage, dit la petite fille.

– C'est parce que je viens seulement d'arriver, lui répond le pingouin en se dandinant de façon comique sur ses deux pattes... Je viens de très loin, d'un pays perdu dans les brouillards, où il fait toujours froid, où il n'y a ni arbres ni fleurs... On n'y trouve que des glaces, des ours blancs, des phoques et des pingouins bien entendu... et aussi quelques Esquimaux et le sorcier Akawak.

– Mais comment se fait-il que tu te trouves ici ? interroge la petite fille.

Le pingouin raconte alors :

– Il y a quelques jours, je m'étais un peu éloigné de mes compagnons. Nous sommes nombreux là-bas, tu sais... Lorsque soudain, le grand glaçon sur lequel je m'étais installé s'est détaché de la banquise et m'a emporté loin de la côte, bien vite disparue dans l'épais brouillard... J'ai dérivé ainsi pendant plusieurs jours et plusieurs nuits. Il faisait de moins en moins froid. Mon glaçon s'est mis à fondre et à diminuer dangereusement... Et la nuit dernière, alors que je n'avais presque plus de place pour m'y tenir debout, j'ai heureusement pu accoster sur cette plage.

La petite fille, qui avait écouté le pingouin sans l'interrompre, lui dit :
– Écoute, je vois mes parents là-bas. Il faut que j'aille les rejoindre. Mais si tu veux bien être mon ami, je reviendrai te voir demain, ici même.
– À demain, dit le pingouin.
Quand la petite fille eut rejoint ses parents, ceux-ci lui demandèrent :
– À qui parlais-tu là, près de ce rocher ?
– À un pingouin, répondit-elle. Il s'appelle Mystic et il est mon ami.
Ses parents, qui ne la croyaient évidemment pas, se mirent à rire :
– Un pingouin... rien que ça !

Le lendemain, à la même heure, la petite fille alla retrouver son ami le pingouin. Ils se racontèrent leur vie, parlèrent de leurs amis, de ce qu'ils faisaient et de ce qu'ils aimaient... Cela dura ainsi plusieurs semaines et ils devinrent de plus en plus amis.
Jusqu'au jour où le pingouin déclara à la petite fille :
– As-tu remarqué combien les jours raccourcissent ? Il fait de moins en moins chaud... Bientôt ce sera l'hiver. Alors la mer gèlera, et je pourrai retourner chez moi, là-haut dans le pays des glaces.
– Mais je ne veux pas que tu partes, pleura la petite fille, je veux que tu restes toujours avec moi. Tu es mon ami, et je voudrais t'emmener à ma maison.
– Tu sais bien que ce n'est pas possible, répondit Mystic. Les pingouins ne vivent pas dans les maisons des petites filles. Mais ne sois pas triste... Je viens de songer à quelque chose... Dans mon pays, là-bas très loin, chez les Esquimaux, je connais bien le sorcier Akawak. Je suis sûr qu'il pourra nous aider... Allons, cesse de pleurer... Reviens demain, et disons-nous au revoir maintenant.
– Adieu, mon ami, murmura la petite fille, la gorge serrée...
– Non, pas adieu, mais au revoir.

Imaginez-vous la surprise de la petite fille, lorsqu'elle revint le lendemain : à l'endroit où elle retrouvait chaque jour son ami Mystic se tenait un beau pingouin en peluche, aussi beau et aussi vrai que le vrai !
Le sorcier Akawak avait entendu notre pingouin et l'avait transformé afin qu'il puisse rester pour toujours avec la petite fille, son amie !

Depuis lors, Éléonore et Mystic, le pingouin en peluche, ne se quittent plus. Il dort dans sa chambre, et bien souvent, elle le serre dans ses petits bras. Ils se racontent mille choses et ils s'endorment ensemble dans son petit lit blanc.

Le sablier de Monsieur Temps

Héloïse

Il y a fort longtemps, dans le royaume du Pays d'Autrefois, vivait un très vieil homme qu'on appelait Monsieur Temps. Il passait son temps à agiter son sablier le jour et la nuit, et chacun pouvait voir ainsi le temps passer.
Il travaillait inlassablement, veillant sur le sablier, vérifiant que le sable coulait normalement. Monsieur Temps était là pour retourner le sablier et annoncer à tout le royaume qu'il s'était passé une heure, puis deux, puis trois…

Or, un beau jour, Monsieur Temps, qui était bien vieux, tomba d'épuisement et s'endormit brutalement devant son sablier. Alors, le sable coula, coula, puis il s'arrêta et soudain le temps n'exista plus.

On essaya bien de réveiller Monsieur Temps, mais il était si fatigué qu'il ne se réveilla pas. Une grande pagaille s'ensuivit. Ludovic le boulanger rata son pain, toute sa fournée brûla, puis une seconde, puis une troisième...

Mathieu, Lucas, Florian se désolèrent d'arriver en retard à l'école. Christophe, le maître d'école, était complètement désorienté devant sa classe désorganisée. Lui-même ne savait plus si une heure était passée, ou deux, ou trois...
Quant aux mamans, Jessica, Claire et Catherine, elles ne savaient plus quand aller chercher leurs enfants à l'école, ni quand préparer les repas.
On chuchotait partout :
– Le temps s'est arrêté ! Le temps s'est arrêté ! Quelle catastrophe ! Monsieur Temps s'est endormi !

Le roi Gentil fut lui-même dérangé par l'absence du temps ; il convoqua tous les Grands du royaume sur-le-champ et leur tint ce langage :
– Mes loyaux sujets, comme vous le savez, notre précieux temps s'est arrêté, Monsieur Temps dort ! Il est trop vieux à présent, il faut songer à le remplacer. J'attends la personne de confiance, courageuse, pour reprendre la place de notre bon vieux Monsieur Temps. J'offre la main de ma fille, la princesse Isabelle, à celui qui sera capable de faire ce grand travail !

Partout dans le royaume, Guillaume, le tambour du roi, passait dans les rues et criait à qui voulait l'entendre :
– Oyez, oyez, braves gens ! Notre bon roi Gentil attend son nouveau Monsieur Temps !
Et il terminait ses annonces en tambourinant, ran-ran-pa-ta-plan !
Ce jour-là, Xavier, le serrurier qui travaillait à la fabrication d'une grosse clé pour une des portes du château, entendit le message. Il réfléchit et décida de se présenter chez le roi Gentil.

Il fut conduit aussitôt dans les appartements royaux. Xavier le serrurier se présenta et dit :

– Voilà, Majesté, je peux remettre le temps en place ! Mais à ma manière !

– Ah ! dit le roi, qu'entends-tu par à ta « manière »? demanda le roi.

– Je ne peux vous en dire plus pour le moment, Majesté, mais si vous me laissez sept lunes, je pourrai vous expliquer !

– Sept lunes ! s'exclama le roi. Mais c'est trop long ! Nous ne pourrons jamais rester sans temps aussi longtemps !

– Il faudra bien, Majesté, car je pense que vous serez très content de ma solution !

– Si tu es sûr de ton projet, Xavier le serrurier, je veux bien attendre, mais alors il ne faudra pas te tromper !

– Je ne vous demanderai qu'une chose, Majesté : le soir de la septième lune, envoyez-moi votre carrosse !

Une lune passa, puis deux, puis trois. Dans le fond de son petit atelier, Xavier le serrurier travaillait avec acharnement, il coupait, sciait, taillait, jour et nuit, et personne n'osait le déranger.

On chuchota de nouveau :

– Xavier le serrurier est un vantard, il a promis une solution, mais pour l'instant, Monsieur Temps dort toujours ! Xavier le serrurier n'est pas capable de retrouver notre temps, notre temps est perdu !

Indifférent au bavardage, Xavier continuait de couper, scier, tailler, le jour, la nuit.

Enfin, la septième lune arriva, un carrosse royal vint s'arrêter devant l'atelier de Xavier le serrurier sous les yeux ébahis des voisins. Xavier sortit de son atelier, portant un étrange colis, et s'engouffra dans le carrosse royal.

Le roi Gentil l'attendait avec impatience, il avait convoqué toute la cour. Xavier fut annoncé et se présenta devant le roi avec son étrange colis.

– Eh bien, mon garçon, je suis impatient de voir ce que tu caches dans ce colis. Cela fait un bruit bizarre.

Sous les yeux du roi éberlué, Xavier le serrurier découvrit une étrange machine.

– Ooooh ! fit la Cour.

– Quelle étrange machine, mon garçon ! Pourquoi fait-elle ce bruit ? Et ces tiges bizarres qui tournent toutes seules devant ces grands chiffres ! J'espère que tu ne te moques pas de moi, mon garçon !

À ce moment, la machine se mit à sonner, un coup, puis deux, puis trois, ainsi jusqu'à sept. Ding, ding, ding !

– Ooooh ! refit la Cour en se reculant, effrayée.

Xavier le serrurier, très détendu, s'approcha du roi en souriant et dit :
– N'ayez aucune crainte, Majesté, ce n'est pas une sorcellerie. Grâce à cette machine, le temps est rétabli ! Je vous présente mon invention, la machine à diviser le temps ! Elle vient de sonner sept heures, elle sonnera bientôt sept heures et demie et puis huit heures et ainsi de suite jusqu'à minuit.

Le roi Gentil, après avoir passé la nuit à écouter le tic-tac et sonner chaque heure de la machine à diviser le temps, fut convaincu et ravi. Le lendemain, il convoqua toute la Cour et proclama :
– Mes chers sujets, je suis heureux de vous annoncer que le temps est revenu et que la machine à diviser le temps s'appellera désormais : horloge !
Xavier le serrurier fut fêté, comblé de présents royaux, et le roi Gentil tint sa promesse : il lui donna sa fille, la princesse Isabelle, en mariage. On le nomma prince du Temps.

Le petit dragon rose

Véronique Tardivel

– Aïe, aïe ! tu me fais mal ! cria le petit panda.

– Pousse-toi, tu prends toute la place, vitupéra le petit dragon rose qui, pour éveiller l'attention d'une petite fille, tapait de toutes ses forces contre la vitre qui les séparait. Adossée contre la vitre, la jolie petite fille aux boucles blondes et au nez rougi par le sucre coloré de la barbe à papa qu'elle dévorait, ne se retourna pas.

« Le destin est toujours cruel pour qui ne possède pas l'amour et la tendresse d'un foyer », pensa amèrement le petit dragon rose.

Orphelins, nos deux petits animaux en peluche étaient ainsi exposés dans une vitrine au beau milieu d'une fête foraine. Depuis longtemps déjà, ils attendaient qu'un petit garçon ou qu'une petite fille veuille bien les adopter. Le regard triste, les yeux larmoyants, ils contemplaient avec mélancolie le charivari des enfants qui exultaient, se pressaient, se bousculaient à l'entrée des manèges.

– Comme ils sont heureux ! dit le petit panda.

– Oh, comme j'aimerais avoir une vraie famille rien qu'à moi ! s'exclama le petit dragon rose.

Le soir venu, tout espoir d'une vie heureuse s'évanouissait, disparaissait dans la nuit étoilée accompagnant le pas lourd des derniers badauds. Comme tous les soirs, le silence fit bientôt la place aux sanglots et aux pleurs du petit dragon dont personne, une fois encore, n'avait voulu. Le petit panda s'approcha de son ami pour le consoler :

– Mon ami, lui dit-il, ne pleure plus, je suis si triste de te voir malheureux. Mais j'ai eu une idée. Demain, tu monteras sur mes épaules et tu te hisseras jusqu'à la grosse pince en fer

En effet, le lendemain, le petit panda tint parole ; et à peine le petit dragon rose s'était-il juché sur les épaules de son ami que la grosse pince s'abattit sur lui comme pour le fendre ; elle le tenailla, le serra si fort, qu'il en perdit connaissance.

– Réveille-toi, petit dragon ! lui dit tendrement un petit garçon. Je suis ton nouveau papa, je m'appelle Henri, ajouta-t-il.

Réveillé par le souffle parfumé des odeurs de l'enfance qui venaient lui caresser les oreilles, le cou, puis le front, le petit dragon rose se blottit dans les bras câlins de son gentil papa.

Oh, comme c'était bon ! Le cauchemar était enfin terminé. Soudain, il entendit une voix qui lui était familière.

– Hé, mon ami, retourne-toi, je suis là, derrière toi !

Surpris, le petit dragon rose se retourna et vit son ami le petit panda assis sur le lit.

– Que fais-tu là ? interrogea le dragon rose.

– Après que tu t'es évanoui, j'étais si triste à l'idée de ne plus jamais te revoir que j'ai beaucoup pleuré. Alors, Henri est revenu me chercher, il a eu pitié de moi... répondit-il.

– Nous avons donc le même papa, nous sommes frères ! dirent en chœur les deux petits animaux en peluche.

Ils s'embrassèrent et firent des pirouettes toute la journée, car ils savaient qu'ils ne se quitteraient plus jamais.

– Ami, ami, que vois-tu ?

– Je vois la même chose que toi : notre amitié.

La révolte des livres

Anne-Christine Dussart

Antoine pousse la porte et entre comme un coup de vent.
Il jette son cartable sur le tapis, son anorak sur un fauteuil et sa casquette à terre…
et hop ! enfonce immédiatement l'interrupteur de la télé.
Ouf ! Un peu de bruit : ça fait du bien…
Maintenant, il hésite : c'est mercredi après-midi, il a tout son temps.
D'abord, manger le sandwich que maman a laissé dans le frigo.
De l'autre main, le garçonnet saisit la télécommande et zappe rapidement pour explorer les programmes télévisés.
Pas génial, cet après-midi.

Bon, alors, cap sur l'ordinateur ! Antoine fonce vers sa chambre, enjambe les jouets qui jonchent la moquette et s'installe devant le clavier de l'ordinateur.
« Quel jeu choisir ? Ah, celui-là, introduisons la disquette. »
Bientôt, un rassurant tut-tut ! se fait entendre, suivi de l'agréable rengaine musicale bien connue de notre ami.

Antoine n'est pas seul. Derrière lui, une trentaine de livres dorment bien sagement dans la bibliothèque. Il y en a de toutes les sortes : des gros, des petits, des grands, des minces, des livres colorés et attrayants, et aussi d'autres plus sérieux, tous reçus au hasard des fêtes et des anniversaires qui jalonnent les années.

À ces occasions, Antoine les a palpés, humés, retournés dans tous les sens. Il les a feuilletés rapidement en s'attardant sur les illustrations. Ensuite, maman leur a trouvé une place dans la chambre du garçon : la petite bibliothèque de bois brun qui sent bon la cire.

Et maintenant ils dorment, résignés à ne plus être pris, engourdis de ne pas être ouverts et désespérés de ne jamais être lus.

Le premier à réagir, c'est le livre Robinson Crusoé.

– Hé, réveillez-vous, les autres ! lance-t-il en cognant des coudes. Remuez-vous un peu ! On se croirait sur mon île déserte. Vous ne voyez pas que notre Antoine nous néglige ? Il ne pense plus qu'à ses deux « bêtes à boutons » sur lesquelles il appuie comme un forcené des heures durant. Il faut que cela cesse ! Réagissez ! fait-il en remuant de plus belle.

– Hein ! gémit le livre Contes de fées. Que se passe-t-il ? Cette chambre n'est donc pas le château de ma belle ? Je croyais devoir dormir cent ans !

– Dormir, dormir ! Nous ne sommes pas faits pour ça ! gronde Vingt mille lieues sous les mers. Nous sommes faits pour raconter des histoires passionnantes, pour instruire les enfants, pour les distraire. Les voilà, nos ennemies. Elles : les « bêtes à boutons ». Regardez la première : elle trône sur le grand meuble noir.

Antoine n'a d'yeux que pour elle. Sur son écran gesticulent de nombreux petits personnages menaçants qui finissent par tomber comme des mouches. Pan ! pan ! Antoine les trouve plus amusants que nous.

– Tu as raison, soupire Contes de fées. La deuxième « bête à boutons », nous l'avons devant nous. Je me demande ce qu'Antoine lui trouve : elle ne sait dire que ti-titt ! trattatati ! à longueur de journée. C'est désespérant.

C'est alors que le livre Robinson Crusoé a une idée géniale :

– Il n'y a qu'une solution. Déclarons-leur la guerre, propose-t-il. Il faut trouver un moyen de les neutraliser. De cette manière, Antoine s'ennuiera et s'occupera enfin de nous.

– En effet, tonne le gros Dictionnaire illustré. C'est une excellente idée.

– Oui, mais comment faire ?
Chacun se gratte les pages, perplexe.
Enfin, une petite voix s'élève timidement.
– Je ne suis que La Petite Sirène, mais j'ai ici à côté de moi un copain qui pourrait peut-être vous répondre. Je l'ai vu un jour, ouvert, alors qu'il était tombé par terre. Il y a sur ses pages quelques photos de « bêtes à boutons ».
Le livre Mystères de l'électricité sort de sa torpeur.
– Je ne suis pas « tombé par terre », siffle-t-il d'un air pincé.
Antoine m'a pris et m'a feuilleté le jour où la foudre a fait sauter les plombs. Toutes les « bêtes à boutons », comme vous les appelez, ont alors refusé de fonctionner.
– Ça alors ! s'écrient les livres en chœur.

De tout ce tintamarre, Antoine n'entend rien, car le langage des livres est un langage silencieux.
Il perçoit seulement derrière lui un léger frémissement de pages, frémissement aussitôt couvert par la chansonnette électronique de l'ordinateur.
Pendant qu'il poursuit son jeu, les livres se concertent et discutent du moyen de neutraliser leurs rivales.
Mystères de l'électricité se rapproche d'Alpiniste débutant:
– Il doit y avoir, sur un mur, une grande boîte où aboutit le circuit électrique de la maison. Si nous parvenons à nous hisser jusque-là, nous pourrons couper le courant, et nos ennemies seront anéanties.
Les deux compères descendent de l'étagère et rampent jusqu'au mur. En face d'eux, la télé continue à agiter ses personnages, indifférente.
Ils lèvent la tête : que cette boîte est haute !

– Attendez, crie le gros Dictionnaire illustré.
Et il leur présente son gros dos pour leur faire la courte échelle.
– En avant, dit l'Alpiniste débutant.
Et le voilà qui s'encorde, se cramponne et se hisse lentement, lentement, jusqu'à la boîte.
Les autres retiennent leur souffle.
– Maintenant, que faut-il faire ? demande-t-il à Mystères de l'électricité; dépêche-toi, mes pages glissent !
– Voilà, tu ouvres la boîte et tu verras, en bas, un bouton rouge.
Appuie dessus.
– Hourrah ! J'ai réussi, hurle l'Alpiniste débutant.
– Hourrah, clament les autres livres, nous avons gagné !
En face d'eux, la première « bête à boutons » est devenue toute grise et silencieuse.
Dans la chambre d'Antoine, l'écran de l'ordinateur s'éteint brusquement et la mélodie lancinante se tait d'un seul coup.
Quel calme inquiétant !
Antoine tapote fébrilement quelques boutons au hasard.
Rien à faire !

Il actionne alors l'interrupteur de sa lampe de bureau.
– Zut, plus de jus ! rage-t-il. Ça tombe mal. Maman ne revient qu'à six heures ce soir, et papa, n'en parlons pas !
Antoine se lève et tourne en rond. Comment s'occuper ?
Les autres jeux, il les connaît par cœur, ils ne l'intéressent plus depuis longtemps. Que faire, que faire ?
– Regarde-nous, regarde-nous, chuchotent les livres.
– Ouvre-nous, ouvre-nous, bruissent leurs pages...

Le regard d'Antoine erre dans la chambre... et s'arrête sur eux.
– Tiens, mes livres, s'étonne-t-il. J'avais oublié leur existence !
Voyons... Robin des Bois, c'est grand-père qui me l'a offert pour Noël.

Et Le Livre de la jungle, c'est maman pour la Saint-Nicolas.
Et le livre des Contes de fées, Un bon petit diable, Tom Sawyer, Aladin et la lampe merveilleuse, Les Vacances du petit Nicolas...
Oh ! là, là ! je ne savais pas que j'en avais tant !
Ouvrons-les pour voir.
Les livres ne se font pas prier.
De sa jolie voix douce, Contes de fées lui rappelle toutes les belles histoires qu'Antoine écoutait lorsqu'il était petit.
Le Livre de la jungle l'entraîne sur les traces de Mowgli, au cœur de la forêt équatoriale, où il retrouve l'ours Baloo, la panthère Bagheera et le tigre Shere Khan.
Robinson Crusoé et son ami Vendredi lui font partager leurs passionnantes aventures sur une île déserte.
Tous les autres livres se pressent pour se raconter à Antoine.
L'après-midi s'écoule comme dans un rêve.
Antoine est si absorbé par sa lecture qu'il ne voit pas les trois coupables regagner tout doucement la bibliothèque, sur la pointe des pages...

Une amitié magique

Nathalie Lorgueville

Très loin dans le Nord, sur l'immense étendue de la banquise, vivaient deux bébés animaux. L'un s'appelait Crac, c'était un petit phoque blanc très joueur et très malin. L'autre s'appelait Noursi, c'était un bébé ours, tout blanc lui aussi, très timide et un peu pataud.

Noursi avait peur de tout malgré sa grande taille. Il savait pourtant qu'il deviendrait très grand et très costaud comme sa maman et son papa. Mais il était si craintif qu'il restait la plupart du temps aux côtés de sa maman.

Un jour que sa maman l'avait laissé seul pour aller pêcher, il fut pris d'une grande frousse. Il se mit à regarder de tous les côtés pour s'assurer qu'aucun intrus ne rôdait.

– Ah, quelle horreur ! cria-t-il. Je suis suivi, un énorme monstre me poursuit

Il courut très vite mais ne parvint pas à s'en débarrasser. Lorsqu'il fit tout à coup demi-tour la chose étrange l'attendait de l'autre côté.

– Maman ! Maman ! hurla-t-il.

Mais personne ne répondit.

Soudain, de fatigue et de peur, il s'effondra. Il aperçut non loin de là un petit phoque blanc en équilibre sur un morceau de banquise. Le petit animal riait et riait encore. Noursi, attiré par cette petite bête sympathique, se remit sur ses quatre pattes et s'approcha de lui.

– Comment t'appelles-tu, et pourquoi ris-tu ainsi ? lui demanda-t-il, un peu agacé.

– Moi, c'est Crac et toi, tu es trop marrant ! lui répondit le petit phoque.

– Mon nom, ce n'est pas marrant, c'est Noursi et je n'ai rien fait ! s'exclama l'ourson.

– À ton âge, tu devrais savoir que cette chose qui te poursuit partout, c'est ton ombre, dit le petit Crac.

– Ombre ? C'est dangereux, Ombre ?

Crac se remit à rire. Plus il riait et plus Noursi boudait. « Il n'est pas si gentil, pensa-t-il, il se moque tout le temps de moi. » Noursi s'éloigna alors l'air un peu triste.

Crac sortit complètement de l'eau et alla rejoindre Noursi. Ils firent connaissance et Crac lui montra ce qu'était une ombre. Il lui expliqua que chacun avait la sienne grâce au soleil.

Ils se mirent alors à rire ensemble.
Ils devinrent aussitôt des amis inséparables. On les voyait très rarement l'un sans l'autre. Ils s'amusaient comme des fous sur la banquise blanche et glacée. Ils inventaient des histoires et se retrouvaient dans un monde secret.

Un jour cependant, alors que Crac s'amusait comme tous les autres jours, Noursi, lui, avait la tête ailleurs et paraissait triste. Il restait couché et regardait vers le ciel. Comme il aurait voulu être un autre animal !

Crac s'installa tout contre lui et lui murmura à l'oreille :

– Alors, Noursi, tu as l'air bien malheureux aujourd'hui. Que t'arrive-t-il ?

– Rien, répondit l'ourson, je suis juste un peu fatigué. Je n'ai pas bien dormi cette nuit, j'ai fait beaucoup de cauchemars.

Crac ne le crut pas vraiment et, pour ne pas l'ennuyer, décida de le laisser seul.

– Ne pars pas si vite, chuchota Noursi en tournant la tête du côté opposé à Crac. Il savait que ce n'était pas très poli, mais il n'aurait pas pu lui dire la chose terrible qui le tourmentait en regardant son ami dans les yeux.

– C'est affreux, ce qui nous arrive. Tu sais, je vais devenir un très grand ours comme mon papa et ma maman et je serai très fort. Et toi, tu deviendras un phoque et tu seras bien plus petit que moi.

L'ourson était tellement malheureux qu'on pouvait voir quelques larmes perler dans ses yeux. Et puis soudain il dit :

– Maman m'a expliqué que les grands ours mangent des petits phoques comme toi.

Tu comprends, nous ne pouvons plus être des amis !

Le petit phoque tenta de le rassurer :

– Tu me reconnaîtras. Tu ne me mangeras pas, je le sais !

– Toi, je ne te mangerai pas, mais je pourrais bien avaler un de tes cousins. Ce serait horrible !

À ce moment-là, ils se serrèrent tous les deux l'un contre l'autre et essayèrent de trouver une solution à leur problème.

Crac retourna lentement vers le trou par lequel il sortait toujours de l'eau et lui dit :

– Je suis certain qu'il y a une solution. Je la trouverai ! Reviens dans deux jours et je te dirai ce qu'il faut faire. Je suis sûr qu'on peut rester amis.

Noursi s'approcha de Crac et frotta son petit nez rose contre le sien.

– On sera toujours de grands amis, répéta-t-il.

Crac disparut sous la banquise dans un grand splash, laissant Noursi seul avec toutes ses questions.

Noursi dormit très mal ces deux nuits-là. Il n'arrêtait pas de faire ces cauchemars. Il se voyait en train de dévorer des petits phoques. Il se réveillait brusquement et se recouchait pour essayer de retrouver le sommeil.

Il ouvrit soudain grands les yeux. Ah ! C'était enfin le jour du rendez-vous ! Il ne fallait surtout pas manquer le petit Crac qui avait peut-être une solution à leur grand problème. Noursi espérait tellement que son ami ait une bonne idée ! En avançant vers leur lieu de rencontre, son cœur se mit à battre plus vite.

Arrivé à l'endroit convenu, il ne vit pas son camarade de jeux. Il se mit à crier :

– Crac, Crac, où es-tu ? Dis-moi où tu te caches. Je sais bien que tu me fais encore une de tes farces.

Personne ne lui répondit. Il était là tout seul, perdu dans l'immensité blanche de la banquise. Il se dirigea alors vers le trou par lequel Crac devait sortir et y plongea son museau. « Brrr ! l'eau est glacée, se dit-il. » Il secoua vigoureusement la tête pour essayer de se débarrasser des gouttes froides qui coulaient et lui donnaient des frissons.

Intrigué par un petit bruit qui semblait venir de l'eau, il se décida tout de même à replonger la tête. Il vit alors Crac au loin qui tirait derrière lui une chose étrange. Un coffret lumineux. Des éclats de lumière sortaient de la boîte par de minuscules trous. Le soleil était-il coincé dedans ?

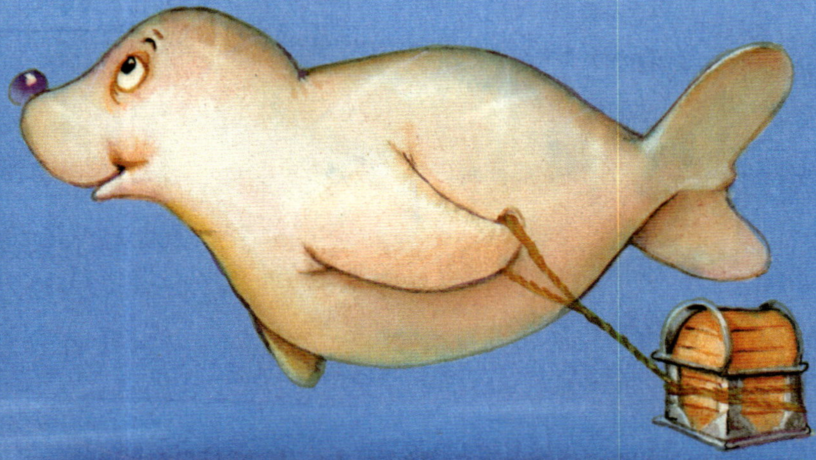

Noursi ressortit la tête hors du trou. Il réfléchit un instant et plongea à nouveau la tête tout entière dans l'eau. Il trouvait déjà l'eau beaucoup moins froide. Il voulait appeler Crac mais quand il ouvrait la bouche pour parler, seules de petites bulles s'échappaient. Pas une parole ne parvenait à sortir.

Comme il ne pouvait rien faire et qu'il commençait à manquer d'air, il ressortit la tête et se secoua de nouveau. Il s'assit alors tout près de là et attendit avec une certaine impatience le petit Crac et son colis mystérieux. Il avait le regard fixé sur l'eau. Si elle faisait quelques remous, cela signifiait que Crac n'était plus très loin.

Soudain, il vit quelques vaguelettes et aperçut un bout de la tête de Crac. Il était épuisé par le voyage mais paraissait très heureux de sa découverte.

– J'ai besoin de ton aide pour sortir ma boîte de l'eau. Elle est trop lourde, je ne pourrai jamais y arriver tout seul !

– Pas de problème. Dis-moi ce que je dois faire.

– Il suffit de tirer doucement sur la corde pour sortir la boîte de l'eau.

Noursi prit la corde entre ses dents et tira petit à petit. Il fallait tirer très lentement pour ne pas briser la boîte mystérieuse. Il aurait pu tirer bien plus vite car ce n'était pas bien lourd pour lui, mais il suivit les précieux conseils de son ami.

Cette fameuse boîte sortit enfin de l'eau. Les petits rayons de lumière qui s'en échappaient éblouirent Noursi. Il ferma les yeux puis essaya de les rouvrir. La chose était tellement lumineuse qu'il était impossible de la regarder plus de quelques secondes. C'était un peu comme les jours où ils s'amusaient à regarder le soleil. Ils avaient alors des petites formes noires qui dansaient devant leurs yeux !

– Tu désires vraiment que l'on reste à jamais des amis ? lui demanda Crac.

– C'est ce que je souhaite le plus au monde, répondit l'ourson.

– Alors, nous allons faire ensemble le vœu de ne jamais être séparés. Puis on ouvrira la boîte et on verra ce qui se passe !

Ils avaient tous les deux le cœur serré en prononçant leur vœu.

Le couvercle se souleva subitement et un grand éclair de soleil les emporta. Ils se retrouvèrent plusieurs mètres plus loin. La boîte lumineuse avait disparu. Ils se regardèrent. Leur vœu avait été exaucé ! La lumière les avait transformés en renards des neiges !

Depuis ce jour-là, on ne vit plus ni Noursi ni Crac sur la banquise, mais bien deux petits renardeaux qui s'amusaient comme des fous ! De tous les animaux de la banquise, seuls leurs parents reconnaissent les deux petits renards et partagent leur formidable secret.

Bulle préfère la mousse

Françoise Le Gloahec

Bulle glisse, plonge, puis remonte se cacher dans les roseaux. C'est un petit poisson malicieux. Mais il ne comprend pas qu'au moment où le soleil joue à cache-cache, lorsque l'étang s'anime, maman Perche l'appelle :

– Bulle, veux-tu bien rentrer ! Il est l'heure de se coucher !

– Tu parles ! ronchonne le petit poisson. Lorsqu'il a fait froid, j'ai dû rester dans la vase tiède du fond de l'étang, me reposer, ne pas manger. Maintenant c'est le printemps et moi je n'ai pas sommeil !

Bulle préfère jouer avec Gloup. La petite grenouille est capable de faire ce dont il rêve : elle sait sauter hors de l'eau et connaît les bords de l'étang.

Elle se pose sur les nénuphars pour attraper les libellules. Pourtant, Gloup est incorrigible : dernière couchée et toujours la première éveillée.

Ce matin encore :

– Ohé, Bulle ! Réveille-toi, gros paresseux, crie la petite grenouille.

– Bonjour, Gloup ! Ah ! J'ai bien dormi, répond le petit poisson qui a encore quitté la maison sans faire sa toilette.

– Si tu veux, je peux te montrer comment sauter sur la berge.

– Je n'y arriverai pas, je suis un poisson ! Je ne respire que dans l'eau !

– Moi avant j'étais un têtard. Je te ressemblais un peu. À présent, j'ai ceci, dit-elle en tapant fièrement du pied. As-tu vu mes cuisses musclées ?

Hop ! hop ! hop ! Gloup bondit de nénuphar en nénuphar. En quelques sauts elle réveille tout le peuple de l'étang.

– Qui ose me déranger ? grogne un vieux brochet.

– Il n'a pas l'air commode celui-là, chuchote Bulle. As-tu vu ses dents ?

– Oui, répond Gloup, et je suis l'un de ses repas favoris ; vite, partons !

Sur ces mots, elle file. Bulle s'efforce de le suivre.
– Regarde ! J'arrive à sauter maintenant. Bientôt, j'irai plus loin, dans le bras de la rivière et je descendrai jusqu'à la mer.

Voilà le rêve de Bulle : voir l'océan ! Il veut sentir le sable, observer ces drôles de poissons dans une coquille. Il se demande si les algues sont aussi douces que la mousse de la mare...
– Mais c'est impossible ! s'écrie Gloup. Tu ne pourras pas aller si loin. Et puis, sais-tu que l'eau y est salée ? Cela te piquera partout et en plus, le sable, ça gratte !
– Je veux voir la mer ! Et j'y arriverai ! s'entête Bulle.
La sterne, alertée par les cris, quitte la rivière pour se poser sur l'étang.
– Mon garçon, moi qui voyage le plus entre la mer et la rivière, je te déconseille cette exploration ! La rivière est longue, il y a beaucoup de courants. Et il y a le féroce brochet...
– Oui, oui, nous le connaissons, répondent en chœur les deux amis.
L'hirondelle de mer s'envole, les laissant bien pensifs.
Au petit matin, Bulle sort de chez lui un peu inquiet. Que penseront ses parents ? Tant pis ! Il part vers l'aventure. Sans bruit, il se dirige vers l'autre bord de l'étang.
L'eau commence à s'agiter. Bulle aperçoit le bras de la rivière. Un, deux, trois, il s'y jette. Brrr !!! C'est froid.
La journée a été bien fatigante.
« Où vais-je dormir ? », se demande-t-il.

À ce moment-là, une forme brune glisse de la rive et s'avance vers lui. Il aperçoit déjà ses longs poils brillants et la puissante queue aplatie qui la propulse.

– Chalut, dit l'animal.

– Bon… bonjour, bégaie le petit poisson apeuré.

– Ez-que tu es perdu ? zozote le castor entre ses deux grosses dents.

– N… Non, je voyage. Je vais voir la mer.

– Alors, ze t'invite chez moi pour te reposer.

Le castor guide Bulle jusqu'à une sorte de hutte en bois émergeant de la rivière. Il plonge. Bulle le suit. Sous l'eau, une galerie mène à la maison de cet ami imprévu.

L'accueil est agréable et Bulle se régale des vers récupérés sur les arbres. Le jour se lève déjà.

– À bientôt, crie Bulle à ses amis castors.

Le courant se fait plus fort et Bulle rencontre des poissons inconnus mais paisibles.

Tout à coup, l'un d'eux s'adresse à lui :

– Bonjour, cousin ! Je suis Flip ! As-tu remarqué comme nous nous ressemblons ? Je suis une perche, moi aussi.

– Peut-être, mais je suis doré et noir, tu es plutôt vert et bleu.

Flip lui propose de l'accompagner jusqu'à l'estuaire. C'est là que la rivière se jette dans la mer.

Bulle et Flip font quelques cabrioles pour rigoler un peu. Enfin, ils aperçoivent, au loin, le mouvement fascinant de l'océan.

– C'est ici que nous nous séparons, dit Flip, un peu ému.

– Je ne t'oublierai jamais. Au revoir, Flip !

Flip fait demi-tour. Bulle est un peu triste. Il goûte la mer et s'étonne. Sous ses nageoires, il sent qu'elle bouge tout le temps. Soudain, une grosse vague l'emporte très haut pour le jeter loin sur le rivage. Dans son trou d'eau tiède, entre les rochers couverts de moules, Bulle décide d'attendre le retour de cette eau vraiment agitée.

Il attend, attend encore. Il ne sait pas que la mer s'est retirée pour plusieurs heures.

Bulle patiente, patiente encore et… s'endort. Un clapotis et quelques chatouillis le réveillent.

La mer est revenue. Il se laisse emporter par les vagues. Bulle voit la plage où il avait fait la sieste s'éloigner. Il croise une colonie de harengs. Ces poissons prétentieux, au dos vert-bleu et au ventre argenté, ne lui adressent pas la parole.

Mais l'eau salée commence vraiment à le gêner. Bulle a du mal à respirer.

– N'y a-t-il personne pour m'aider ? s'écrie-t-il.

Pas de réponse. Il décide de s'installer dans le creux d'un rocher. La pierre où il se reposait se met à bouger. Il bascule à la renverse et c'est une coquille Saint-Jacques qui s'ouvre.

– Bonjour ! C'est toi qui appelais à l'aide tout à l'heure ?

– Oui, je viens de la rivière. Je voulais voir la mer et connaître ses habitants. Maintenant, je veux rentrer chez moi, retrouver mon étang.

– Je comprends. Je vais réfléchir à la manière de t'aider, répond la coquille en bâillant.

Elle se ferme et se projette au loin. Bulle, un peu réconforté, s'endort.

Au matin, une longue plainte le réveille.

– Mais… Qui pleure ? demande courageusement Bulle.
Doucement, il s'approche. Il voit d'énormes filets dérivants. Bulle remonte à la surface. Sur les bateaux de pêche, des hommes tournent de vilaines roues grinçantes qui remontent leurs pièges. Les gémissements des thons prisonniers bouleversent Bulle. Vite ! Il veut parler à la coquille Saint-Jacques. Elle est là. Il frappe :
– Toc, toc, toc ! C'est moi, Bulle, le poisson d'eau douce.
Un petit grincement, la coquille s'ouvre. Les yeux sont les mêmes, mais… il sort de la coquille une toute petite personne. Elle grandit, grandit pour devenir une belle jeune fille ou bien un joli poisson ; enfin, vous avez compris : c'est une… sirène.

– J'ai une idée pour te sauver, dit la jolie sirène. Patience, attendons la marée haute.

Elle se met alors à chanter. Sa voix si douce et sa gentillesse fascinent Bulle.

La sirène et le poisson se plaisent beaucoup. Bulle lui demande de partir avec lui pour l'étang.

– Je ne peux pas vivre en eau douce. Et puis mes sœurs ne comprendraient pas que je les abandonne. Je dois rester ici.

Bulle est très déçu. En attendant la marée, ils s'amusent à se poursuivre dans les vagues.

– C'est le moment, dit la jeune fille. Je te conseille de partir, la mer est forte à présent. Elle te portera jusqu'à l'estuaire. Surtout, ne reviens jamais. Cet endroit n'est pas fait pour toi.

– Au revoir ! Tu resteras toujours dans mon cœur, répond Bulle en retenant ses larmes.

Le petit poisson se laisse guider par les flots. Mais il n'arrive pas à l'entrée de l'estuaire. Il se retrouve, le ventre sur le sable :

– Au secours ! Au secours ! Je ne sais pas respirer ! Je vais mourir ! Je suis bien puni d'avoir voulu explorer l'océan. Plus jamais je ne sentirai la mousse verte et douce de mon étang. Jamais plus je ne verrai mes parents, mes amis, gémit-il.

Il se sent de plus en plus faible. Mais… on le soulève ! Tout de suite après, il est à nouveau dans l'eau.

« Ce n'est pas la mer, c'est aussi salé mais c'est trop petit. »

Bulle ne sait pas qu'une petite fille l'a déposé dans son seau. Il ne sait pas qu'une jeune femme a crié en agitant la main :

– Mon enfant, s'il te plaît, emporte vite ce poisson dans le bras de mer. Ainsi, tu le sauveras.

La fillette, fascinée par le sourire et le doux chant qui s'élevait au-dessus des vagues, obéit aussitôt. Elle court pour rejeter son protégé à l'endroit demandé par la jolie nageuse qui était… vous l'avez deviné : la sirène !

Bulle est rentré chez lui, a retrouvé ses amis et le calme de l'étang. Mais toute sa vie, il se souviendra de cet extraordinaire voyage et de la merveilleuse sirène dont il est pour toujours amoureux...

Pom-Pom et les perroquets verts

Marc Van Laere

C'est alors qu'il traversait le jardin, que Pom-Pom entendit pour la première fois LE bruit. Il n'y prêta pas vraiment attention, car la nature était pleine de sons, de bruits et de chants d'oiseaux...

La seconde fois qu'il entendit ce même bruit, c'était un matin tôt, alors qu'il paressait encore au lit.

Comme ce bruit (ce grincement devrais-je plutôt dire), qui venait de dehors, lui semblait étrange, rapidement il se leva. Et, s'approchant de la fenêtre ouverte, il aperçut, perché dans le grand charme – tenez-vous bien – un perroquet ! Oui, un perroquet, comme je vous le dis. Un perroquet tout vert dans le jardin...
« Ce n'est pas possible, se dit Pom-Pom, chez nous il n'y a pas de perroquets en liberté dans les jardins. »
Non... Pom-Pom n'en croyait pas ses yeux : il n'y avait pas UN Perroquet, mais TROIS !
En un tour de main, Pom-Pom fut habillé et se précipita dehors. Il se répétait : je dois rêver, ou alors c'est une blague. Il s'agit sans doute de perroquets empaillés.

– Mais non, entendit-il alors, nous sommes bien vivants. Bonjour… Comment t'appelles-tu ?

Si vous aviez vu la tête de Pom-Pom ! Non seulement il ne s'était pas rendu compte qu'il avait parlé tout seul et à haute voix, mais ne voilà-t-il pas que ce perroquet lui adressait la parole… D'accord, tout le monde sait bien que les perroquets peuvent parler. Mais on n'a jamais vu un perroquet poser des questions, et parler un excellent français… Pom-Pom, qui est extrêmement poli et curieux, dit alors au perroquet qui semblait être le chef des trois :

– Mais qui êtes-vous ? D'où venez-vous ? Et que faites-vous ici, dans le froid ? Et comment se fait-il que tu parles aussi bien le français, pour un étranger ?

– Écoute, lui répondit le perroquet, c'est bien simple. Nous sommes nés en Belgique. Notre grand-père, lui, vivait en Afrique. Mais un jour sont arrivés dans la forêt vierge des chasseurs d'un genre particulier. Ils n'avaient pas de fusils, mais de grands filets qu'ils lançaient sur les branches où notre famille avait son nid. Et c'est ainsi qu'ils ont pris grand-père et grand-mère ; ils les ont ensuite enfermés dans des cages, avec beaucoup d'autres oiseaux. Et embarqués à bord d'un gros avion. Après un long vol, durant lequel ils ont souffert de la soif et du manque d'air, on les a débarqués à l'aéroport, où des messieurs sont venus les chercher, pour les amener dans leur magasin. Là, c'était déjà un peu mieux, ils recevaient régulièrement à boire et à manger. Mais cela ne valait pas leur belle forêt. Ils ne cessaient d'y songer, surtout quand ils apercevaient, par la vitrine, le grand soleil... Et ils avaient le cœur bien gros...
Un jour, une dame entra dans le magasin, elle avait l'air gentil.
Elle demanda à voir mes grands-parents, et après avoir payé le marchand, les emporta chez elle, à Uccle.

– De ce jour, reprit le perroquet après un silence, leur vie changea totalement. On les avait installés dans une grande cage, où ils pouvaient se mouvoir et se balancer... Ils recevaient des graines de tournesol à profusion, et des noisettes, et de l'eau fraîche... Mais, toujours, ils songeaient à la belle vie qu'ils menaient en Afrique, à leurs amis, à la liberté...

Et un jour, alors que la dame n'avait pas bien refermé la cage, du bec et de leurs serres, ils poussèrent la petite porte, s'avancèrent dans le salon, et ne voyant personne, risquèrent le tout pour le tout : comme on était en plein été, la fenêtre était grande ouverte, ils prirent leur envol et... youpi ! ils retrouvèrent la liberté et l'espace...

Ils étaient fous de joie, dépliaient tout grand leurs ailes, et voletaient de-ci, de-là... Mais il leur fallait maintenant trouver un endroit où s'abriter. Pas facile, dans une grande ville... On n'y trouve pas tellement d'endroits isolés, ni d'arbres touffus, où construire un nid. Aussi cela prit un certain temps, avant que grand-père perroquet et grand-mère perroquet ne découvrent un grand parc plein de beaux grands arbres. Il y faisait un peu plus calme, on n'entendait presque plus le vacarme incessant des voitures et des trams... C'est ainsi qu'ils s'installèrent dans un beau platane. Il était grand temps, car grand-mère avait le plus grand besoin d'un nid douillet, pour y déposer ses œufs ! Eh oui, elle allait bientôt être maman ! Quelque temps plus tard sont nés nos parents. Eux se plaisaient bien dans le parc... Forcément, ils n'avaient jamais connu l'Afrique et ses immenses arbres pleins de fleurs.

– Quelle histoire, fit Pom-Pom.

Bientôt, reprit aussitôt le perroquet, devenus grands, papa et maman construisirent un nid pour eux tous seuls. Maman nous a raconté comment papa grappillait des brindilles et de la mousse, et comment avec un peu de boue, il lui prépara le plus beau et le plus confortable des nids.

Nous sommes nés un beau matin de printemps, mon frère, ma sœur et moi. Et nous avons été bien heureux en famille. Nous nous étions faits au climat, au froid et à la neige. Les gens du voisinage s'étaient habitués à notre présence, ils nous apportaient des miettes de pain et des graines et nous vivions en paix. Cela aurait pu continuer longtemps ainsi si quelques personnes acariâtres n'avaient commencé à se plaindre. Elles prétendaient que nous faisions trop de bruit, que nous déposions des saletés partout (alors que nous avons toujours veillé à ne jamais nous approcher des voitures) et qu'il fallait nous faire déguerpir ! Bientôt, nous avons assisté à de violentes disputes entre ceux qui voulaient nous garder et ceux qui nous traitaient de sales étrangers, qu'on devrait renvoyer chez eux… C'en était fini de notre bonheur. Papa fut lâchement abattu un soir par un tireur isolé, maman en eut tant de chagrin qu'elle mourut peu après. Et nous, orphelins perdus, seuls dans cette ville hostile, nous n'avions plus qu'une pensée : partir, partir loin, très loin, où nous retrouverions le calme… Il y a deux jours, avant le lever du soleil, nous avons pris notre envol. Nous avons erré longtemps, de village en village, de ferme en jardin… Et quand nous sommes enfin arrivés ici, nous avons pu voir combien la dame qui habite cette maison aime les oiseaux. Chaque matin, après son petit déjeuner, doucement et sans faire de bruit afin de ne pas effaroucher les animaux, elle dépose sur la pelouse, et sur la planchette sous l'aubépine, du pain et des petits morceaux de viande. Et elle accroche au noisetier de petits sachets perforés pleins de bonnes graines de tournesol… Alors nous avons compris que nous avions enfin trouvé l'endroit où nous réfugier, où plus personne ne nous traiterait de sale étranger, et où nous pourrions reprendre une vie normale en pleine nature, et sans risquer à tout moment de nous faire tirer dessus…

Pom-Pom avait écouté le perroquet avec émotion. Il avait maintenant les yeux humides. Avec un grand sourire, il dit alors :

– Je m'appelle Pom-Pom. Je suis très content que vous soyez ici, et je voudrais bien devenir votre ami.

Et depuis ce jour, ils ne se quittent plus.

Jacquot l'escargot

Patricia Kawa

Petit Jacques vit avec sa maman dans une grande forêt. Il adore les arbres où pendant des heures il se lance dans des galipettes sur les hautes branches. Jacquot invente aussi des tas de jeux avec ses copains. Tous les amis s'amusent comme des petits fous. Jacques est très fier, il gagne presque toujours la course à pied.

Chaque jour avant le repas de midi, Petit Jacques quitte ses amis, car maman escargot l'emmène pour une longue promenade. Il aime alors découvrir les petites fleurs colorées, respirer leur parfum et saluer les écureuils qui vont et viennent à toute allure. Mais aujourd'hui, lorsque sa maman l'appelle, la réponse se fait attendre. Maman escargot finit par s'impatienter.

« Où peut-il bien se cacher ? », se demande-t-elle.

Elle cherche du côté du grand arbre au feuillage tout vert. Bien souvent, c'est là qu'elle le retrouve. Il aime tant y jouer.

En effet, elle aperçoit sa coquille au loin.

– Eh bien, Jacquot ! Voilà dix fois au moins que je t'appelle, que fais-tu ?

Pas de réponse. Maman escargot est inquiète, ce n'est pas l'habitude de son fils de garder le silence. Elle se rapproche de la chambre de Jacques et jette un œil à l'intérieur. Il est tout blanc, maman ne l'a jamais vu comme ça.

Sans perdre de temps, elle fait appel au docteur Escargino.

Après avoir examiné Jacques, le médecin l'envoie à l'hôpital afin qu'il soit soigné comme il le faut.

La gentille infirmière, mademoiselle Escargette, entre dans la chambre.

– Bonjour, Jacquot, je viens te donner les médicaments qui vont te guérir.

Jacques est faible, il ouvre une toute petite bouche pour tout recracher ensuite.

– C'est mauvais ! C'est dégoûtant ! fait-il avec une moue.

– Tu as raison, dit la maman calmement, ce n'est pas bon du tout ; pourtant, mon Jacquot, pour se sentir mieux, on est parfois obligé de prendre des remèdes qui ont très mauvais goût. Pour cela, il faut du courage, c'est vrai, même beaucoup de courage, et je t'aiderai à le trouver.

Jacques regarde sa maman qui lui sourit.

Alors, péniblement, il reprend son médicament non sans faire une moue de dégoût.
– Veux-tu jouer à quelque chose maintenant, Jacquot ? demande sa maman afin de l'égayer un peu.

Jacques secoue lentement la tête de gauche à droite !

– Veux-tu que je te raconte des histoires ?

Jacques baisse tristement les yeux.

Sa maman comprend alors que son fiston n'a qu'une seule envie, qu'on le laisse tranquille.

Ses amis sont venus voir le malade pour lui remonter le moral.
Mais Jacques n'a pas non plus la force de se montrer.
Maman explique gentiment qu'il vaut mieux revenir plus tard, quand Jacquot se sentira mieux.
Et tout doucement, sans faire de bruit, sans dire un mot, elle s'installe à ses côtés.

Dans le silence de la nuit, le regard de Jacquot et celui de sa maman se croisent et dans leurs yeux, on peut y lire tout l'amour, la tendresse et le respect qu'ils éprouvent l'un pour l'autre.

La princesse Image

Héloïse

Il était une fois, dans un pays très lointain, une princesse jolie comme un cœur, sage comme une image. Elle était si sage que son père le roi l'avait appelée Image.
La petite princesse pouvait rester des heures à jouer seule, sans faire une seule sottise. Au début, le roi en fut fier, mais plus le temps passait et plus cela l'ennuyait. Il avait tout essayé, de lui faire côtoyer les enfants les plus terribles du royaume, mais rien n'y faisait. La princesse Image ne se laissait jamais entraîner ; elle était tellement sage que même les enfants terribles se calmaient à son contact et devenaient presque aussi sages que la princesse. « Cette enfant n'était peut-être pas tout à fait normale », se disait le roi. Si seulement elle pouvait faire une seule petite sottise !

Cela finit par l'empêcher de dormir, alors il décida de faire appeler la fée Grandesidées. Celle-ci arriva toute pimpante et souriante, elle fit une gracieuse révérence et demanda :

– Que veut Sa Majesté ?

– Voilà, tu connais ma fille, la princesse Image ?

– Oui, Votre Majesté, elle est réputée pour être très sage.

– Eh bien, justement, fée Grandesidées, cela m'ennuie, je rêve d'une fille qui fasse un peu plus de bêtises ! Elle est trop sage, beaucoup trop sage ! Cela doit changer !

– Bien, Majesté ! Je peux vous aider, mais il y a un petit risque !
– Ah ! Quel risque ? demanda le roi.
– La princesse Image risque de faire d'énormes sottises avec ma formule magique ! Je ne peux pas doser ce genre de chose !
– J'en prends le risque, fée Grandesidées ! C'est trop triste, une enfant sage !
La fée se retourna vers la petite princesse Image et, à l'aide de sa baguette magique, elle prononça une formule magique :
– Mabala bus Normalu ! Mabala ! Bala !
La princesse Image fut enveloppée d'un nuage d'or instantanément.

Elle était assise tranquillement les mains croisées sur les genoux, lorsque tout d'un coup, elle se leva d'un bond et courut vers un des gardes pour lui tirer la barbe. Le roi se mit à rire, il était très content.

– Merci, fée Grandesidées, votre formule a l'air de fonctionner ! J'en suis ravi !

La fée prit congé.

Le roi, tout content, voulut prendre la main de sa fille, mais celle-ci lui échappa, courut comme une folle dans les couloirs et grimpa sur un banc qui se trouvait sous une fenêtre.

Elle s'apprêtait à escalader la fenêtre, lorsque le roi arriva essoufflé en hurlant à ses gardes :
– Gardes ! Rattrapez-la !

Les gardes s'emparèrent de la princesse, alors qu'elle enjambait le rebord de la fenêtre. Le roi, affolé et furieux, se jeta sur sa fille et la sermonna.
Mais celle-ci, à peine livrée à elle-même, se précipita vers le bassin de la cour du château et s'y plongea.
On la ressortit à moitié noyée. Le roi eut si peur de perdre son enfant qu'il se demanda soudain s'il avait eu une bonne idée de changer sa fille, désormais insupportable !
Finalement, il était bien plus tranquille lorsqu'elle était sage comme une image. Il décida d'appeler de nouveau la fée Grandesidées.

– Je veux que la princesse Image redevienne comme avant, fée Grandesidées ! demanda le roi.

– Bien, Majesté ! dit la fée. Et elle prononça la formule magique pour changer la princesse : Mabala bus Normalu ! Normalu ! Malu !

À cet instant, la princesse, qui était en train de couper avec des petits ciseaux le manteau de cour de son père, s'arrêta instantanément. Elle alla s'asseoir sur une chaise et resta sage comme une image. Depuis ce jour, le roi s'extasie sur la grande sagesse de sa fille et l'apprécie à sa juste valeur.

Le chant du coq

Véronique Tardivel

Le jour ne s'était pas encore échappé des ténèbres et la nuit continuait à jeter sur le monde son épais silence.

Pourtant, Kikou le chat et Miton le chien se réveillèrent comme d'habitude à la même heure.

– Que se passe-t-il ? s'exclama Kikou. Il fait encore nuit, le jour ne s'est pas levé aujourd'hui. C'est très étrange !

Et le chien Miton de répondre :

– Il est pourtant l'heure de se lever. Où est donc passé Monsieur le Jour, pourquoi se cache-t-il derrière la Terre… Bouderait-il ?

Kikou réfléchit quelques instants et dit d'un ton péremptoire :

– Je parie que c'est encore une ruse de Madame la Nuit. Elle ne veut pas céder sa place à Monsieur le Jour par crainte qu'il ne dévoile tous ses secrets.

Soudain, Kikou et Miton sursautèrent ; ils avaient entendu des bruits de pas que l'obscurité rendait mystérieux et effrayants.

– Qui va là ? demanda Kikou.

– C'est moi, mes amis ; n'ayez crainte, c'est moi Yani le lapin, votre voisin.

– Un grand malheur est arrivé, poursuivit Yani. Rirounet le coq n'a pas chanté ce matin et c'est pour cela que le jour ne s'est pas levé.

– Pourquoi Rirounet n'a-t-il pas chanté ce matin ? Est-il malade ? interrogèrent Kikou et Miton.

– Eh bien, mes amis, de mémoire de lapin, je n'ai jamais vu cela, répondit Yani.

– Qu'as-tu vu ? reprirent en chœur Miton et Kikou, impatients et inquiets à la fois.

– J'ai vu Rirounet accroché à son perchoir, la tête à l'envers, oui mes amis, la tête à l'envers, insista-t-il, comme pour se persuader que ce n'était pas un rêve.

– Il est saoul comme un cochon, il a bu toute la nuit à la taverne de Maître Liman, et malheur à celui qui s'en approche, car les vapeurs d'alcool qui s'exhalent de lui feraient tituber une colonie de mouches, continua-t-il.

– Oh, comme c'est terrible ! dirent, ébahis, Kikou et Miton. Allons tout de même le réveiller immédiatement ! décidèrent fermement le chien et le chat.

À tâtons, traversant la nuit noire, ils arrivèrent enfin près de Rirounet.
– Hé, Rirounet, réveille-toi, s'écrièrent ses amis en lui tapotant le bec. Rirounet ouvrit un œil, puis l'autre et secoua la tête vigoureusement pour remettre de l'ordre dans sa pauvre petite cervelle étourdie par l'alcool. Il voyait ses amis à l'envers.
– Allons, debout maintenant ! insistèrent avec véhémence ses amis. Rirounet se remit d'un bond à l'endroit sur son perchoir et, vacillant, il bégaya ces mots :
– Que… que faites-vous ici à cette heure tardive de la nuit ?
– Mais, sache que ce n'est pas la nuit. Le jour n'est pas apparu ce matin à cause de toi. Seuls tes cocoricos peuvent le faire venir. Chante tout de suite ! protestèrent ses amis.

– Je ne veux plus chanter, car je suis un coq bien malheureux, répondit Rirounet en sanglotant.
– Et pourquoi ne veux-tu pas chanter ? interrogèrent Kikou, Miton et Yani.
– Personne ne m'aime, je suis seul et triste ; mon chant dérange et réveille tout le monde. Il ne se passe pas un matin sans que l'on m'insulte. Hier, la fermière m'a jeté une grande bassine d'eau froide pour que je me taise. Je suis le plus infortuné des coqs, répondit Rirounet.

La fermière, inquiète de ne pas voir le jour se lever, se trouvait aux abords du poulailler, quand elle entendit les lamentations de Rirounet.
– Mon pauvre Rirounet, je te demande pardon d'avoir été si méchante avec toi, supplia-t-elle.

À ce moment-là, tous les animaux de la ferme vinrent embrasser Rirounet et lui dire combien ils l'aimaient. Heureux, Rirounet entonna son plus beau chant. À peine l'eut-il terminé que le ciel s'éclaircit, la terre avala les dernières ombres. De tout son éclat, la lumière du jour inonda le monde. Tous se réjouirent et une grande fête fut organisée en l'honneur de Rirounet qui promit de ne jamais plus retourner à la taverne de Maître Liman.

Kirou, le petit kangourou curieux

Françoise Bobe

Il était une fois Kirou, un petit kangourou d'Australie tout juste sorti de la poche de sa maman. Depuis qu'il était devenu grand, Kirou furetait partout, s'intéressait à tout, s'étonnait de tout.

C'est dame Kangourou, sa voisine, qui l'intriguait plus que tout !
Il trouvait qu'elle avait une drôle de façon d'avancer à petits pas pressés, regardant toujours où elle posait les pieds. Jamais il ne la vit sauter : chose étonnante chez les kangourous !

Mais ce qui l'étonnait bien davantage, c'était son ventre : un ventre aussi rond qu'un ballon ! Kirou se demandait bien quelle tête avait le bébé kangourou qui pouvait s'y cacher. Mais jamais il ne vit le moindre petit bout d'oreille ou de museau dépasser de cette poche-là !
Lorsque leurs chemins se croisaient, Kirou courait vers elle et la saluait poliment :
– Bonjour, dame Kangourou… Je m'appelle Kirou. J'habite près de chez vous…
Elle s'empressait de répondre tout en poursuivant son chemin :
– Bonjour, mon petit ! Bonjour, Kirou !
Et Kirou se posait toujours les mêmes questions : pourquoi sa poche est-elle aussi ronde ? Pourquoi ne saute-t-elle pas ? Pourquoi est-elle toujours aussi pressée ? Pourquoi…

Soudain, une lumière jaillit dans son esprit :
« Dans un ventre aussi rond, elle cache autre chose qu'un bébé kangourou. Elle ne saute pas, car ce quelque chose est précieux et elle craint de le perdre… Qu'est-ce que cela peut bien être ? Demain, je le lui demanderai. »
Mais lorsqu'il lui posa la question, dame Kangourou lui répondit en redressant l'oreille :
– Écoute, Kirou ! Je crois que ta maman t'appelle !

Kirou rentra chez lui et ne sut rien de plus.

Alors, Kirou eut une autre idée. Il s'approcha de la maison de dame Kangourou et il regarda par le trou de la serrure ! Il cligna des yeux plusieurs fois pour être sûr de bien voir, tant sa surprise était grande : dame Kangourou avait vidé sa poche pour se reposer, et à côté d'elle s'élevait une véritable montagne de pièces d'or !
« C'était donc cela qui l'empêchait de sauter et même de prendre le temps de bavarder ! Pauvre dame Kangourou », se dit-il. Il s'éloigna sur la pointe des pieds en pensant que ce n'était pas une vie de kangourou que de veiller sur un tel trésor...

Un jour qu'il sautait de-ci, de-là, il vit quelque chose briller au soleil : c'était une pièce toute dorée. À deux bonds de là, il en vit une autre puis une autre encore… Il leva le nez et aperçut dame Kangourou, loin devant.
« Mais… elle sème son trésor ! se dit-il, je dois la rattraper ! »

Lorsqu'il arriva à sa hauteur, les deux mains remplies de pièces, il l'interpella :
– Regardez, dame Kangourou ! Je crois que votre poche est percée !
Dame Kangourou le regarda avec étonnement. Puis, pour la première fois, elle ne sembla pas pressée de partir.
Elle offrit un large sourire à Kirou et lui remit quelques pièces pour le remercier. Est-ce pour cette raison que les petits kangourous sages reçoivent régulièrement de l'argent de poche ?

Depuis ce jour, dame Kangourou n'était plus tout à fait la même. Elle n'avait plus un ventre aussi rond qu'un ballon et elle faisait des bonds joyeux, comme tous les kangourous. Kirou n'osa jamais lui demander où elle avait caché toutes ses pièces d'or…

Quelque temps plus tard, il croisa dame Kangourou, qui semblait ravie de le rencontrer.
– J'ai un secret à te confier ! lui dit-elle.
Puis elle lui chuchota quelque chose à l'oreille. Les yeux de Kirou s'illuminèrent, car maintenant, au fond de sa poche, dame Kangourou cachait un autre trésor : un adorable kangourou !

Les trois amis

Crépin Nkot

Il était six heures. Tout brillait à l'est de la montagne. C'était le lever du soleil. L'hiver était terminé et le moment était arrivé pour les oiseaux migrateurs d'effectuer de grands voyages, partant des pays chauds vers les pays tempérés. Ici, ils venaient célébrer les fêtes du printemps avec les petits enfants dans les villages. Les oiseaux les plus forts et les plus rapides installaient déjà leurs nids sur les arbres disponibles afin de se protéger des prédateurs.

Au cours de ce voyage, long de plusieurs semaines, un petit oiseau bleu fut blessé.
– Aïe ! aïe ! aïe ! cria le petit oiseau bleu.
Mais les autres oiseaux ne s'aperçurent de rien et continuèrent leur voyage, sauf un seul, et de loin le plus fidèle au petit oiseau bleu.
Le petit oiseau bleu perdait de l'altitude et descendait progressivement jusqu'au sol. Son ami atterrit près de lui et lui demanda :
– Que s'est-il passé ?
Le petit oiseau bleu gémissait de douleur :
– J'ai été bousculé, puis je suis tombé lourdement au sol et me suis fait mal à l'aile.

– Je suis triste pour toi, répondit l'ami du petit oiseau bleu. Notre voyage est encore long et la nuit risque de nous surprendre avant notre arrivée dans le village le plus proche.
– J'ai peur de ne plus être capable de voler, dit le petit oiseau bleu en pleurant.
Son ami le consola et lui fit un câlin sur son aile blessée.
– Ne pleure pas, sois courageux ! lui dit-il.
Le petit oiseau bleu reprit péniblement son vol, mais il ne pouvait plus parcourir de grandes distances.
– Arrêtons-nous ! Arrêtons-nous ! hurla-t-il à son ami. J'ai de nouveau très mal.
Son ami lui obéit et ensemble ils se reposèrent au sol. Ils accomplirent ainsi le reste de leur voyage par petits vols, entrecoupés d'arrêts.
Ils arrivèrent finalement au village, longtemps après les autres oiseaux. En plus, le petit oiseau bleu était épuisé et n'avait plus la force de se construire un nid. Son ami se proposa de l'aider. Mais, déjà, n'apparaissait plus qu'une moitié du soleil à l'ouest de la montagne et, petit à petit, la nuit commençait à couvrir tout le village. L'ami du petit oiseau bleu craignit de ne pas achever sa besogne avant la nuit.

Le petit oiseau bleu lui dit :
– La nuit tombe déjà, j'ai très peur de Monsieur le Chat.
Il essayera de nous attraper s'il nous voit au sol.
– Oui ! Nous devons absolument trouver une cachette, répondit l'ami du petit oiseau bleu.
– Et si nous partions plus loin, dans l'autre village, le chat n'y viendrait pas, dit-il alors.

Le petit oiseau bleu trouva l'idée très bonne, mais il ne pouvait plus voler, son aile blessée s'inclinait et touchait presque le sol. Voyant cela, son ami lui dit :
– Reste ici, je vais à la recherche d'une cachette dans les environs.
Mais le petit oiseau bleu ne voulait pas rester tout seul et il partit avec son ami à la recherche d'un abri.
– Regarde là-bas, un bouleau. Encore un petit effort !
Ils arrivèrent devant le bouleau et l'ami du petit oiseau bleu dit ceci :
– Joli bouleau, voudrais-tu abriter mon ami avec une aile cassée ? Nous venons de très loin et il est très fatigué.
Le bouleau lui répondit en disant :
– Je suis très sensible au malheur de ton ami avec une aile cassée, mais je suis encore jeune pour le loger chez moi. Mes branches sont très fragiles et mes feuilles toutes petites ; ton ami ne sera pas en sécurité chez moi ; n'importe quel chat qui passerait devant moi le verrait tout de suite et essayerait de l'attraper.
Un peu déçus par cette réponse, les deux oiseaux décidèrent d'approcher un autre arbre.

– Voilà Monsieur le Chêne, je suis sûr qu'il nous aidera, dit le petit oiseau bleu.

– Oui, tu seras plus en sécurité chez lui, son tronc est plus gros que celui du jeune bouleau et ses branches plus solides encore ! répondit avec enthousiasme l'ami du petit oiseau bleu.

Ils arrivèrent à hauteur de l'arbre et lui dirent :

– Que nous sommes heureux de vous apercevoir, Monsieur le Chêne ! Vous avez certainement une solution à notre problème.

Le chêne leur sourit et dit :

– Je suis toujours à l'écoute des problèmes de tous les oiseaux ; voyons donc quel est le vôtre.

L'ami du petit oiseau bleu lui répondit :

– Mon ami a une aile cassée qu'il traîne au sol depuis plusieurs mètres et il est épuisé ; pourrais-tu le cacher chez toi juste cette nuit ?

Le chêne lui répondit :

– La douleur de ton ami m'affecte beaucoup, mais j'ai peur de ne pas pouvoir le cacher chez moi ; vous arrivez un peu tard, j'héberge déjà de nombreuses familles d'oiseaux arrivées ce matin et les seules places encore disponibles se situent au faîte de mes branches. Ton ami ne pourra malheureusement pas y arriver.

À nouveau déçus, les deux amis reprirent leur recherche d'un abri.

Le petit oiseau bleu était à bout de forces et n'avançait plus qu'en bondissant, un mouvement qui lui était pénible. Il se mit de nouveau à pleurer. Son ami lui dit :

– Ne pleure pas : il ne faut pas perdre espoir et je n'aime pas te voir comme ça.

Le petit oiseau bleu avec une aile cassée continua de clopiner douloureusement.

– Regarde ! lui dit soudain son ami. Que penses-tu de ce sapin-là ? Peut-être voudra-t-il te loger cette nuit ?

Ils s'approchèrent du sapin ; celui-ci fut très étonné de leur visite et ouvrit grand les yeux.

– Voilà qui est une grande surprise, j'aime beaucoup les petits oiseaux mais ils ont tous peur de moi, dit le sapin.

L'ami du petit oiseau bleu s'adressa au sapin en disant :

– Petit sapin, la nuit tombe déjà, il nous faut trouver un abri pour mon ami avec une aile cassée et moi. Accepterais-tu de nous abriter cette nuit ?

Le petit sapin lui répondit :

– Si vous n'avez pas peur de vous piquer, vous pouvez vous abriter chez moi aussi longtemps que vous voudrez.

Réjouis par cette réponse, le petit oiseau bleu et son ami remercièrent le petit sapin, sautillèrent joyeusement et se mirent à l'abri dans le creux de son ventre. Là, ils étaient au chaud et le chat ne pourrait pas les apercevoir.

Le petit sapin, heureux de la compagnie des deux amis, leur proposa de rester plus longtemps qu'une seule nuit :

– Si vous acceptez de rester dans mes branches jusqu'à l'hiver prochain, leur dit-il, je vous ferai connaître quelques-uns de mes amis, les grands oiseaux ; ils voudront sûrement bien vous aider à construire un beau et large nid.

Le petit oiseau bleu et son ami acceptèrent avec enthousiasme sa proposition. Le soleil disparut définitivement derrière la montagne et tout devint sombre. Le petit oiseau bleu et son ami s'endormirent tout doucement. Une grande amitié venait de naître entre le petit sapin, le petit oiseau bleu avec une aile cassée et son fidèle compagnon.

Arthur

Marie-José Bardinat

Arthur est un bel éléphant d'Afrique. Il a de magnifiques oreilles qu'il agite tout le temps. Arthur a une femme et trois enfants. Cette année-là, dans la savane où il vivait, il n'y avait pas eu de pluie du tout. Il n'y avait plus rien à manger : la terre était brûlée, le fleuve asséché. Il expliqua à sa femme qu'il fallait aller à la ville : là-bas, il trouverait du travail et pourrait nourrir sa famille.

Ils se mirent en route. Les enfants étaient heureux de partir pour découvrir la ville. Pour eux, c'était un endroit de rêve.

Aux alentours de la ville, ils installèrent leur camp.

Le lendemain, Arthur partit de bonne heure pour trouver du travail. Il arriva dans une rue bordée de magasins. Que pourrait-il faire ?

Un éléphant, ce n'est pas une souris : c'est grand, c'est gros, c'est lourd. Il ne pouvait pas travailler dans une boutique : il n'y aurait jamais assez d'espace.

Il arriva sur une grande place où l'on construisait un immeuble.

Il s'arrêta pour regarder. Le chef de chantier le remarqua et s'approcha de lui :

– Bonjour ! Cherches-tu du travail ?

– Bonjour ! répondit Arthur. Oui, je veux travailler.

Le chef lui proposa de déplacer des barres de fer avec sa trompe. Il le paierait chaque jour.

Arthur travailla jusqu'au soir. Il rejoignit sa femme et ses enfants à la nuit tombée. Il avait acheté des provisions et tout le monde se régala.

Il se rendit compte qu'il s'était coupé la trompe. Sa femme lui fit un pansement. Le lendemain, il était incapable de soulever une feuille. Il avait ma

Il partit tout de même, espérant trouver autre chose à faire. Il traversa toute la ville et se retrouva devant un garage ; des hommes nettoyaient des voitures. Ils frottaient, portaient des seaux d'eau, rinçaient, essuyaient les carrosseries.
Par jeu, Arthur mit sa trompe dans un bac et pulvérisa l'eau en l'air. Les hommes s'arrêtèrent pour le regarder.
– Fantastique ! dit un petit homme qui arrivait en courant : tu es embauché.
Arthur ne comprenait pas bien. L'homme lui amena une voiture avec ordre de la laver au plus vite. Arthur comprit : il aspira de l'eau avec sa trompe et en aspergea le véhicule. Il recommença à plusieurs reprises.

Le soir, il avait lavé dix voitures. Les clients étaient très contents. Il reçut un bon salaire et on lui offrit un emploi définitif dans le garage. Il acheta des fleurs pour sa femme, des bonbons pour ses enfants. Il rentra chez lui, très heureux. Quand il eut remis ses cadeaux, sa femme lui demanda quel était son travail.

– Devinez, dit-il, mais je vais vous aider.
Il mit sa trompe dans un baquet et envoya l'eau dans les airs.

– Jet d'eau, lui dirent en chœur ses enfants. Notre papa est « jet d'eau ».

Arthur sourit et applaudit.

– Bravo, vous avez trouvé !

Les petits éléphants adorent jouer dans l'eau. Pour ses enfants, ce n'était pas un métier mais un jeu. « Jet d'eau, quel bonheur ! »

– Papa, dit sa petite fille, veux-tu faire encore le jet d'eau, rien que pour nous ?

Arthur le fit et le refit encore. Enfin, les enfants allèrent se coucher, épuisés.

Sa femme regarda Arthur :
– Quel est ton travail, Arthur ?
– « Jet d'eau », dit celui-ci en souriant. Les adultes disent « laveur de voitures » mais les enfants ont raison : « jet d'eau », c'est beaucoup plus amusant ; désormais, je suis « jet d'eau ».
Sa femme sourit : qu'importe la réalité des choses, si, avec un peu d'imagination, on peut y mettre de la poésie.
Arthur fut ainsi le premier éléphant « jet d'eau ».
Depuis, beaucoup d'autres l'ont imité. Les éléphants sont très doués pour laver les voitures.

Le boa et le singe

Marie-José Barcinat

Un jeune boa prénommé Baba se promenait dans la jungle. Il grimpait dans les arbres et s'amusait à en descendre très vite en glissant le long du tronc comme sur un toboggan. Baba, bien sûr, ne connaissait pas les toboggans, car il n'y en a pas dans la forêt tropicale. Il avait inventé ce jeu, tout seul, pour passer le temps.

Baba était un bébé boa. Il était encore tout petit, ne mesurait à peine qu'un mètre. Il était adorable, gentil, toujours prêt à rendre service.

Malheureusement, il n'avait que rarement l'occasion de se montrer serviable. Dès qu'il s'approchait d'eux, tous les petits animaux s'enfuyaient. Il entendait souvent le bruit de leur fuite dès qu'il arrivait. Baba se demandait pourquoi on le traitait ainsi : il n'avait jamais fait de mal à personne.

Si Baba avait eu sa maman, il lui aurait posé la question, mais Baba vivait seul depuis longtemps, sans savoir où se trouvaient ses parents.

Baba avait un rêve. Il voulait avoir un ami ; un ami avec qui jouer, avec qui parler. Mais comment fait-on pour rencontrer un ami ? Surtout quand tout le monde vous fuit.

Baba, alors qu'il rampait, entendit un jour un grand bruit. Avant d'avoir compris ce qui se passait, il reçut un grand coup sur la queue.
– Aïe ! dit-il, et il se retourna.

Il remarqua alors un petit singe, inconscient dans l'herbe. Il s'approcha doucement. Il fit attention, car il ne voulait pas faire peur à ce petit compagnon tombé du ciel. Tout doucement, il toucha le bras de l'animal. Celui-ci ne réagit pas. Baba voyait bien que le singe respirait. Il décida d'attendre son réveil et de le veiller jusque-là. Il paraissait si fragile. Il fallait le protéger des fauves qui pourraient le dévorer.

Quelques minutes passèrent. Le singe commença à remuer. Baba ne bougea pas.
Le petit singe ouvrit les yeux. En voyant Baba, il poussa un cri.
– Ne crains rien, lui dit Baba, je suis un ami. N'aie pas peur. Tu es tombé d'un arbre sur ma queue et je suis resté en attendant que tu te réveilles. Je m'appelle Baba.
Le petit singe ne répondit rien, mais le regarda avec de grands yeux ronds.
– Bonjour, dit-il prudemment, et merci.
Il hésita et continua :
– Je m'appelle Agrippin.
– Bonjour, Pinpin ! dit Baba. Je suis heureux de faire ta connaissance. Veux-tu jouer avec moi ?
Une lueur craintive passa dans les yeux de Pinpin.
– C'est que… commença-t-il.
Baba attendait la suite. Pinpin le regarda longuement.
– C'est que… tu es un boa.

– Et tu n'aimes pas les boas ? dit Baba.

– C'est-à-dire, commença à nouveau Pinpin, c'est-à-dire que les boas mangent les singes. Et moi, je suis un singe. Vas-tu me manger ?

Baba était horrifié.

– Bien sûr que non, dit-il, et je n'ai jamais mangé de singe, je peux te le jurer.

Pinpin fut étonné, mais il crut Baba immédiatement.

– Bon ! Eh bien, dans ce cas, je veux bien être ton ami. Mais promets-moi de ne jamais essayer de me dévorer.

Baba promit.

– Je mange des feuilles, des fruits. Jamais le moindre animal, dit-il.

Baba et Pinpin se mirent en route. Quand Pinpin eut faim, ils firent la course pour arriver en haut d'un arbre à fruits. Pinpin gagna et ils mangèrent en riant. Puis Pinpin lança un fruit en direction de Baba en criant :

– Attention, bataille de fruits pourris.

Aussitôt, Baba répliqua en envoyant un autre fruit. Le combat dura longtemps. Ils s'arrêtèrent, épuisés.

– Je suis fatigué, dit Pinpin.

– Moi aussi, dit Baba.

– Dormons, dit Baba. Mets-toi près de moi. Ainsi, personne ne pourra te faire de mal. Baba forma un bel anneau. Pinpin s'installa au milieu de ce nid improvisé et s'endormit instantanément.

Baba le regarda avec affection :

– Que c'est doux d'avoir un ami, dit-il, et il ferma les yeux à son tour.

Les mois passèrent. Baba et Pinpin ne se quittaient pas. Ils passaient leurs journées ensemble à rire, à jouer. Pinpin devint un superbe singe et Baba un boa à la taille impressionnante. Baba était parfaitement heureux. Les deux amis ne se rendaient même pas compte qu'ils étaient la curiosité de toute la jungle. Tous les animaux venaient les observer de loin. Un boa et un singe qui vivaient ensemble. Cela paraissait impossible et pourtant c'était vrai. Personne ne comprenait. Baba et Pinpin, eux, ne se posaient aucune question. Ils étaient contents, cela leur suffisait.

Un jour, Baba dit à Pinpin :

– Maintenant, je comprends pourquoi tout le monde me fuit. Je fais peur aux autres animaux, à cause de ma taille et de ma force. Mais ils ont tort. Je ne ferai jamais de mal à personne.

– Je sais, dit Pinpin, mais il faut comprendre. En général, les boas se nourrissent en avalant tout cru des animaux vivants. Ils ne savent pas que tu es végétarien.

Un jour, Pinpin rencontra, lors d'une promenade, une superbe jeune fille singe, Java. Il en tomba immédiatement amoureux. Java eut d'abord peur de Baba, mais elle comprit vite que ce n'était pas un boa comme les autres. Elle l'accepta et se mit à venir souvent voir les deux amis. Un jour, Pinpin dit à Baba :

– Baba, j'ai une grande nouvelle à t'annoncer : Java et moi, nous allons nous marier.

– Félicitations, dit Baba, je suis très heureux pour vous. Mais alors, vous allez me quitter ?

– Bien sûr que non, dit Pinpin. Nous allons bien sûr nous installer une maison dans les arbres, mais tu pourras nous rendre visite à chaque fois que tu en auras envie. Et nous continuerons à nous voir.

Baba fut rassuré. Il aida à construire la maison de Pinpin et Java. Grâce à Pinpin, Baba se fit de nombreux nouveaux amis. Pinpin leur avait expliqué que Baba ne mangeait jamais de viande.

Pinpin et Java eurent bientôt deux bébés. Baba les admira avec tant d'affection que Java le nomma « parrain » de ses bébés. Et quand Pinpin et Java voulaient sortir le soir, devinez qui venait garder les enfants à la maison ? Baba, bien sûr, qui devint la meilleure baby-sitter de toute la jungle.

Baba savait si bien endormir les enfants, était si patient avec eux, que bientôt beaucoup d'animaux lui confièrent la garde de leurs enfants lorsqu'ils devaient s'absenter.

Baba, qui aimait si tendrement tous les bébés qu'on lui confiait, dut lui-même les mettre en garde contre certains boas. Il avait du mal à convaincre ses petits amis que les boas pouvaient parfois être dangereux pour eux. « Mais si, insistait-il, il faut faire attention. Certains boas aiment manger les petits animaux. » Et il se promettait de toujours veiller à la sécurité de ses petits protégés.

Table des matières

ISBN : 2-8006-7194-7
Dépôt légal : 05 99/0058/121
Printed in Italy